ArtScroll Series®

The Funeral and Cemetery Handbook

שערי נחמה

by

Rabbi David Weinberger

and

R... er

...ltd

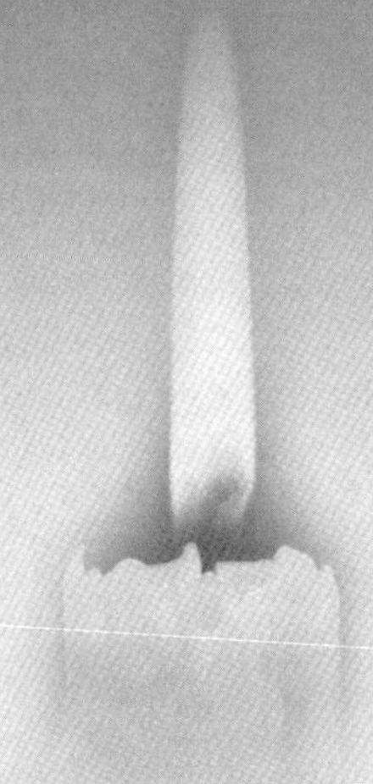

FIRST EDITION
First Impression … July 2003
Second Impression … October 2003
Third Impression … July 2006
Fourth Impression … November 2008
Fifth Impression … September 2009
Sixth Impression … June 2011
Seventh Impression … July 2012

Published and Distributed by
MESORAH PUBLICATIONS, Ltd.
4401 Second Avenue
Brooklyn, New York 11232

Distributed in Europe by
LEHMANNS
Unit E, Viking Business Park
Rolling Mill Road
Jarrow, Tyne & Wear NE32 3DP
England

Distributed in Australia & New Zealand by
GOLDS WORLD OF JUDAICA
3-13 William Street
Balaclava, Melbourne 3183
Victoria Australia

Distributed in Israel by
SIFRIATI / A. GITLER — BOOKS
6 Hayarkon Street
Bnei Brak 51127

Distributed in South Africa by
KOLLEL BOOKSHOP
Northfield Centre
17 Northfield Avenue
Glenhazel 2192, Johannesburg, South Africa

THE ARTSCROLL MESORAH SERIES ®
"THE FUNERAL AND CEMETERY HANDBOOK"
© *Copyright 2003* MESORAH PUBLICATIONS, Ltd.
4401 Second Avenue / Brooklyn, N.Y. 11232 / (718) 921-9000 / www.artscroll.com

---

ALL RIGHTS RESERVED.
*The Hebrew text, punctuation and format, the new translation and commentary, instructions,
prefatory and associated textual contents and introductions
— including the typographic layout, cover artwork and ornamental graphics —
have been designed, edited and revised as to content, form and style.*

**No part of this book may be reproduced
IN ANY FORM — PHOTOCOPY, OR OTHERWISE — even for personal use
without WRITTEN permission from the copyright holder,**
*except by a reviewer who wishes to quote brief passages
in connection with a review written for inclusion in magazines or newspapers.*

**THE PUBLICATION OF THIS WORK INVOLVED EXTENSIVE RESEARCH AND COSTS,
AND THE RIGHTS OF THE COPYRIGHT HOLDER WILL BE STRICTLY ENFORCED.**

ISBN 10: 1-57819-748-1
ISBN 13: 978-1-57819-748-4

Typography by CompuScribe at ArtScroll Studios, Ltd.

לעילוי נשמת

ר׳ יהושע בן ר׳ מנחם מענדעל ע״ה

איש מורם מעם, רופא נאמן ודגול
עשה צדקות וחסד כל ימיו
בהצנע לכת

Dr. Joshua Feibusch ע״ה

An exemplar of a true oveid Hashem who inspired many through his tenacity and faith in Hashem.

His kavod to talmidei chachamim, learning, and quiet acts of tzedekah and chessed will forever be an inspiration and challenge to us all.

He was a dear and beloved personal friend.

תנצב״ה

Dedicated by

Rabbi and Rebbetzin Dovid Weinberger and family

לזכר עולם

Dedicated in Memory of
our Honored Parents

יוסף בן אברהם שמריהו ע"ה
Joseph Keilson

"חזית איש מהיר במלאכתו,
לפני מלכים יתיצב . . ." (משלי כב-כט)
A man of untiring spirit who
lived his life steeped in tradition

יעקב בן אלחנן ע"ה
Jack Bodner

". . . כי מראש צרים אראנו ומגבעות אשורנו"
(במדבר כג,ט)
He climbed the mountain;
paving the way for his children,
grandchildren and great grandchildren to ascend.

שרה רחל בת ר' צבי הירש ע"ה
Rochel Bodner

"תנו לה מפרי ידיה,
ויהללוה בשערים מעשיה" (משלי לא)
A quiet woman who in her modest way lived a life
filled with kindness and concern for others

אריה לייב והדסה קילסון

⊰{ TABLE OF CONTENTS }⊱

סדר לויה
   Funeral Service   1

סדר קבורה
   Procedure for Burial   7

סדר הקמת מצבה
   Procedure for Erecting a Monument   19

תפילות לביקור קברים
   Prayers Upon Visiting a Cemetery   45

הלכות שונות בנוגע לאבילות
   Selected Laws Related to Mourning   90

   Transliterated Kaddish   98

סדר לויה ‎&
Funeral Service

- ☐ Traditionally the *levayah* service begins with an appropriate chapter(s) of *Tehillim* followed by words of eulogy from Rabbis and/or members of the family.
- ☐ There are various customs as to when *kriah* is performed. Some are accustomed to tear *kriah* prior to the service, whereas others conclude the service with *kriah*. Still others delay the *kriah* until the time of the burial.
- ☐ Whenever the *kriah* is performed, the following *brachah* is recited by the mourner prior to tearing the garment.

בָּרוּךְ אַתָּה יהוה אֱלֹהֵינוּ מֶלֶךְ הָעוֹלָם, דַּיַּן הָאֱמֶת.
Blessed are You, HASHEM, our God,
King of the universe, the true Judge.

- ☐ For laws of *kriah*, see page 90.
- ☐ The service concludes with the memorial prayer *Keil Maleh Rachamim*, see page 4. (For the laws of *Keil Maleh Rachamim* see page 96.)
- ☐ Following the prayer, the mourners and all of the assembled follow behind the *aron* and recite *Psalm* 91 (ישב בסתר).

תהלים טו

א **מִזְמוֹר** לְדָוִד; יהוה מִי יָגוּר בְּאָהֳלֶךָ, מִי יִשְׁכֹּן בְּהַר קָדְשֶׁךָ. ב הוֹלֵךְ תָּמִים וּפֹעֵל צֶדֶק, וְדֹבֵר אֱמֶת בִּלְבָבוֹ. ג לֹא רָגַל עַל לְשֹׁנוֹ, לֹא עָשָׂה לְרֵעֵהוּ רָעָה, וְחֶרְפָּה לֹא נָשָׂא עַל קְרֹבוֹ. ד נִבְזֶה בְּעֵינָיו נִמְאָס, וְאֶת יִרְאֵי יהוה יְכַבֵּד, נִשְׁבַּע לְהָרַע וְלֹא יָמִר. ה כַּסְפּוֹ לֹא נָתַן בְּנֶשֶׁךְ, וְשֹׁחַד עַל נָקִי לֹא לָקָח; עֹשֵׂה אֵלֶּה לֹא יִמּוֹט לְעוֹלָם.

תהלים כג

א **מִזְמוֹר** לְדָוִד, יהוה רֹעִי, לֹא אֶחְסָר. ב בִּנְאוֹת דֶּשֶׁא יַרְבִּיצֵנִי, עַל מֵי מְנֻחוֹת יְנַהֲלֵנִי. ג נַפְשִׁי יְשׁוֹבֵב, יַנְחֵנִי בְמַעְגְּלֵי צֶדֶק לְמַעַן שְׁמוֹ. ד גַּם כִּי אֵלֵךְ בְּגֵיא צַלְמָוֶת, לֹא אִירָא רָע כִּי אַתָּה עִמָּדִי; שִׁבְטְךָ וּמִשְׁעַנְתֶּךָ הֵמָּה יְנַחֲמֻנִי. ה תַּעֲרֹךְ לְפָנַי שֻׁלְחָן נֶגֶד צֹרְרָי; דִּשַּׁנְתָּ בַשֶּׁמֶן רֹאשִׁי, כּוֹסִי רְוָיָה. ו אַךְ טוֹב וָחֶסֶד יִרְדְּפוּנִי כָּל יְמֵי חַיָּי, וְשַׁבְתִּי בְּבֵית יהוה לְאֹרֶךְ יָמִים.

תהלים טז

א **מִכְתָּם** לְדָוִד, שָׁמְרֵנִי אֵל כִּי חָסִיתִי בָךְ. ב אָמַרְתְּ לַיהוה, אֲדֹנָי אָתָּה, טוֹבָתִי בַּל עָלֶיךָ. ג לִקְדוֹשִׁים אֲשֶׁר בָּאָרֶץ הֵמָּה, וְאַדִּירֵי כָּל חֶפְצִי בָם. ד יִרְבּוּ עַצְּבוֹתָם אַחֵר מָהָרוּ; בַּל אַסִּיךְ נִסְכֵּיהֶם מִדָּם, וּבַל אֶשָּׂא אֶת שְׁמוֹתָם עַל שְׂפָתָי. ה יהוה מְנָת חֶלְקִי וְכוֹסִי, אַתָּה תּוֹמִיךְ גּוֹרָלִי. ו חֲבָלִים נָפְלוּ לִי בַּנְּעִמִים, אַף נַחֲלָת שָׁפְרָה עָלָי. ז אֲבָרֵךְ אֶת יהוה אֲשֶׁר יְעָצָנִי, אַף לֵילוֹת יִסְּרוּנִי כִלְיוֹתָי. ח שִׁוִּיתִי יהוה לְנֶגְדִּי תָמִיד, כִּי מִימִינִי, בַּל אֶמּוֹט. ט לָכֵן שָׂמַח לִבִּי וַיָּגֶל כְּבוֹדִי, אַף בְּשָׂרִי יִשְׁכֹּן לָבֶטַח. י כִּי לֹא תַעֲזֹב נַפְשִׁי לִשְׁאוֹל, לֹא תִתֵּן חֲסִידְךָ לִרְאוֹת שָׁחַת. יא תּוֹדִיעֵנִי אֹרַח חַיִּים, שֹׂבַע שְׂמָחוֹת אֶת פָּנֶיךָ, נְעִמוֹת בִּימִינְךָ נֶצַח.

THE FOLLOWING PRAYER IS RECITED FOR A FEMALE:

משלי לא:י-לא

אֵשֶׁת חַיִל מִי יִמְצָא, וְרָחֹק מִפְּנִינִים מִכְרָהּ.

בָּטַח בָּהּ לֵב בַּעְלָהּ, וְשָׁלָל לֹא יֶחְסָר.

גְּמָלַתְהוּ טוֹב וְלֹא רָע, כֹּל יְמֵי חַיֶּיהָ.

דָּרְשָׁה צֶמֶר וּפִשְׁתִּים, וַתַּעַשׂ בְּחֵפֶץ כַּפֶּיהָ.

הָיְתָה כָּאֳנִיּוֹת סוֹחֵר, מִמֶּרְחָק תָּבִיא לַחְמָהּ.

וַתָּקָם בְּעוֹד לַיְלָה, וַתִּתֵּן טֶרֶף לְבֵיתָהּ, וְחֹק לְנַעֲרֹתֶיהָ.

זָמְמָה שָׂדֶה וַתִּקָּחֵהוּ, מִפְּרִי כַפֶּיהָ נָטְעָה כָּרֶם.

3 / FUNERAL SERVICE

Psalm 23

מִזְמוֹר ¹ *A psalm by David. HASHEM, who may sojourn in Your Tent? Who may dwell on Your Holy Mountain?* ² *One who walks in perfect innocence, and does what is right, and speaks the truth from his heart;* ³ *who has no slander on his tongue, who has done his fellow no evil, nor cast disgrace upon his close one;* ⁴ *in whose eyes a contemptible person is repulsive, but who honors those who fear HASHEM; who can swear to his detriment without retracting;* ⁵ *who lends not his money on interest; nor takes a bribe against the innocent. The doer of these shall not falter forever.*

Psalms 23

מִזְמוֹר ¹ *A psalm by David: Hashem is my shepherd, I shall not lack.* ² *In lush meadows He lays my down, beside tranquil waters He leads me.* ³ *He restores my soul, He leads me on paths of justice for His Name's sake.* ⁴ *Though I walk in the valley overshadowed by death, I will fear no evil, for You are with me. Your rod and Your staff, they comfort me.* ⁵ *You prepare a table before me in view of my tormentors. You anointed my head with oil, my cup overflows.* ⁶ *May only goodness and kindness pursue me all the days of my life, and I shall dwell in the House of Hashem for long days.*

Psalms 16

מִכְתָּם ¹ *A Michtam by David. Protect me, O God, for I have sought refuge in You.* ² *You have said to Hashem, "You are my Master, I have no claim to Your benefit."* ³ *For the sake of the holy ones who are interred in the earth and for the mighty — all my desires are fulfilled because of them.* ⁴ *Their sorrows will multiply, those who rush after other [gods]; I shall not pour their blood libations, nor carry their names upon my lips.* ⁵ *Hashem is my allotted portion and my share, You guide my destiny.* ⁶ *Portions have fallen to me in pleasant places, even the inheritance is beautiful to me.* ⁷ *I will bless Hashem Who has advised me, also in the nights my own intellect instructs me.* ⁸ *I have set Hashem before me always; because He is at my right hand I shall not falter.* ⁹ *For the following reason does my heart rejoice and my soul is elated, my flesh, too, rests in confidence:* ¹⁰ *Because You will not abandon my soul to the grave, You will not allow Your devout one to witness destruction.* ¹¹ *You will make known to me the path of life, the fullness of joys in Your Presence, the delights that are in Your right hand for eternity.*

THE FOLLOWING PRAYER IS RECITED FOR A FEMALE:

Proverbs 31;10-31

אֵשֶׁת חַיִל *An accomplished woman, who can find? —*
Far beyond pearls is her value.

ב *Her husband's heart relies on her and he shall lack no fortune.*
ג *She repays his good, but never his harm, all the days of her life.*
ד *She seeks out wool and linen, and her hands work willingly.*
ה *She is like a merchant's ships, from afar she brings her sustenance.*
ו *She arises while it is yet nighttime, and gives food
to her household and a ration to her maidens.*
ז *She envisions a field and buys it,
from the fruit of her handiwork she plants a vineyard.*

חָגְרָה בְעוֹז מָתְנֶיהָ, וַתְּאַמֵּץ זְרוֹעֹתֶיהָ.
טָעֲמָה כִּי טוֹב סַחְרָהּ, לֹא יִכְבֶּה בַלַּיְלָה נֵרָהּ.
יָדֶיהָ שִׁלְּחָה בַכִּישׁוֹר, וְכַפֶּיהָ תָּמְכוּ פָלֶךְ.
כַּפָּהּ פָּרְשָׂה לֶעָנִי, וְיָדֶיהָ שִׁלְּחָה לָאֶבְיוֹן.
לֹא תִירָא לְבֵיתָהּ מִשָּׁלֶג, כִּי כָל בֵּיתָהּ לָבֻשׁ שָׁנִים.
מַרְבַדִּים עָשְׂתָה לָּהּ, שֵׁשׁ וְאַרְגָּמָן לְבוּשָׁהּ.
נוֹדָע בַּשְּׁעָרִים בַּעְלָהּ, בְּשִׁבְתּוֹ עִם זִקְנֵי אָרֶץ.
סָדִין עָשְׂתָה וַתִּמְכֹּר, וַחֲגוֹר נָתְנָה לַכְּנַעֲנִי.
עוֹז וְהָדָר לְבוּשָׁהּ, וַתִּשְׂחַק לְיוֹם אַחֲרוֹן.
פִּיהָ פָּתְחָה בְחָכְמָה, וְתוֹרַת חֶסֶד עַל לְשׁוֹנָהּ.
צוֹפִיָּה הֲלִיכוֹת בֵּיתָהּ, וְלֶחֶם עַצְלוּת לֹא תֹאכֵל.
קָמוּ בָנֶיהָ וַיְאַשְּׁרוּהָ, בַּעְלָהּ וַיְהַלְלָהּ.
רַבּוֹת בָּנוֹת עָשׂוּ חָיִל, וְאַתְּ עָלִית עַל כֻּלָּנָה.
שֶׁקֶר הַחֵן וְהֶבֶל הַיֹּפִי, אִשָּׁה יִרְאַת יהוה הִיא תִתְהַלָּל.
תְּנוּ לָהּ מִפְּרִי יָדֶיהָ, וִיהַלְלוּהָ בַשְּׁעָרִים מַעֲשֶׂיהָ.

THE FOLLOWING PRAYER IS RECITED ONLY ON DAYS THAT *TACHANUN* IS RECITED.

FOR A MALE:

אֵל מָלֵא רַחֲמִים, שׁוֹכֵן בַּמְּרוֹמִים, הַמְצֵא מְנוּחָה נְכוֹנָה עַל כַּנְפֵי הַשְּׁכִינָה, בְּמַעֲלוֹת קְדוֹשִׁים וּטְהוֹרִים כְּזֹהַר הָרָקִיעַ מַזְהִירִים, אֶת נִשְׁמַת (שם הנפטר) בֶּן (שם אבי הנפטר) שֶׁהָלַךְ לְעוֹלָמוֹ, בַּעֲבוּר שֶׁנּוֹדְבִים צְדָקָה בְּעַד הַזְכָּרַת נִשְׁמָתוֹ. בְּגַן עֵדֶן תְּהֵא מְנוּחָתוֹ, לָכֵן בַּעַל הָרַחֲמִים יַסְתִּירֵהוּ בְּסֵתֶר כְּנָפָיו לְעוֹלָמִים; וְיִצְרוֹר בִּצְרוֹר הַחַיִּים אֶת נִשְׁמָתוֹ, יהוה הוּא נַחֲלָתוֹ, וְיָנוּחַ עַל מִשְׁכָּבוֹ בְּשָׁלוֹם וְנֹאמַר אָמֵן:

FOR A FEMALE:

אֵל מָלֵא רַחֲמִים, שׁוֹכֵן בַּמְּרוֹמִים, הַמְצֵא מְנוּחָה נְכוֹנָה עַל כַּנְפֵי הַשְּׁכִינָה, בְּמַעֲלוֹת קְדוֹשִׁים וּטְהוֹרִים כְּזֹהַר הָרָקִיעַ מַזְהִירִים, אֶת נִשְׁמַת (שם הנפטרת) בַּת (שם אבי הנפטרת) שֶׁהָלְכָה לְעוֹלָמָהּ, בַּעֲבוּר שֶׁנּוֹדְבִים צְדָקָה בְּעַד הַזְכָּרַת נִשְׁמָתָהּ. בְּגַן עֵדֶן תְּהֵא מְנוּחָתָהּ, לָכֵן בַּעַל הָרַחֲמִים יַסְתִּירֶהָ בְּסֵתֶר כְּנָפָיו לְעוֹלָמִים; וְיִצְרוֹר בִּצְרוֹר הַחַיִּים אֶת נִשְׁמָתָהּ, יהוה הוּא נַחֲלָתָהּ, וְתָנוּחַ עַל מִשְׁכָּבָהּ בְּשָׁלוֹם וְנֹאמַר אָמֵן:

5 / FUNERAL SERVICE

ח *With strength she girds her loins, and invigorates her arms.*
ט *She discerns that her enterprise is good —*
  so her lamp is not snuffed out by night.
י *Her hands she stretches out to the distaff,*
  and her palms support the spindle.
כ *She spreads out her palm to the poor,*
  and extends her hands to the destitute.
ל *She fears not snow for her household,*
  for her entire household is clothed with scarlet wool.
מ *Luxurious bedspreads she made herself,*
  linen and purple wool are her clothing.
נ *Distinctive in the councils is her husband,*
  when he sits with the elders of the land.
ס *She makes a cloak to sell, and delivers a belt to the peddler.*
ע *Strength and majesty are her raiment, she joyfully awaits the last day.*
פ *She opens her mouth with wisdom,*
  and a lesson of kindness is on her tongue.
צ *She anticipates the ways of her household,*
  and partakes not of the bread of laziness.
ק *Her children arise and praise her, her husband, and he lauds her:*
ר *"Many daughters have amassed achievement,*
  but you surpassed them all."
ש *False is grace and vain is beauty, a God-fearing woman —*
  she should be praised.
ת *Give her the fruits of her hand and let her be praised*
  in the gates by her very own deeds.

THE FOLLOWING PRAYER IS RECITED ONLY ON DAYS THAT *TACHANUN* IS RECITED.

FOR A MALE:

אֵל מָלֵא רַחֲמִים *O God, full of mercy, Who dwells on high, grant proper rest on the wings of the Divine Presence — in the lofty levels of the holy and the pure ones, who shine like the glow of the firmament — for the soul of* (deceased's Hebrew name) *the son of* (deceased's father's name) *who went on to his world, because people are contributing charity in remembrance of his soul. May his resting place be in the Garden of Eden — therefore may the Master of mercy shelter him in the shelter of His wings for eternity; and may He bind his soul in the Bond of Life. Hashem is his heritage, and may he repose in peace on his resting place. Now let us respond: Amen.*

FOR A FEMALE:

אֵל מָלֵא רַחֲמִים *O God, full of mercy, Who dwells on high, grant proper rest on the wings of the Divine Presence — in the lofty levels of the holy and the pure ones, who shine like the glow of the firmament — for the soul of* (deceased's Hebrew name) *the daughter of* (deceased's father's name) *who went on to her world, because people are contributing charity in remembrance of her soul. May her resting place be in the Garden of Eden — therefore may the Master of mercy shelter her in the shelter of His wings for eternity; and may He bind her soul in the Bond of Life. Hashem is her heritage, and may she repose in peace on her resting place. Now let us respond: Amen.*

~§ סדר קבורה
Procedure for Burial

- One should exercise caution not to step on any graves in the process of performing the burial unless it is unavoidable.
- As the body is lowered into the grave, the head is kept slightly higher than the feet and lower portion of the body.
- Many have the custom that the mourners ask forgiveness of the deceased after the coffin has been lowered.
- There are those who are accustomed to call out the deceased's name and his or her father's name as the body is being lowered into the grave. This is based on Kabbalistic tradition.
- Covering the coffin with dirt, the actual act of burial, is the final personal service to the deceased, and it is meritorious to take part in doing so.
- When filling the grave with dirt, one shovels the first three times with the back of the shovel. Others have the custom that the back of the shovel is used until the coffin is completely covered.
- When covering the coffin, one begins with the head and upper portion of the body.
- One does not hand the shovel from one person to another, but rather places it down for the next person to take it.
- When the dirt is initially thrown into the grave, many have the custom to recite three times:

וְהוּא רַחוּם יְכַפֵּר עָוֹן וְלֹא יַשְׁחִית
וְהִרְבָּה לְהָשִׁיב אַפּוֹ וְלֹא יָעִיר כָּל חֲמָתוֹ.

He, the Merciful One, is forgiving of iniquity and does not destroy, frequently He withdraws His anger, not arousing His entire rage.

- After the grave is filled, a *tzuras ha-kever* is made by forming a raised mound of dirt on top of the grave outlining its actual site.
- After the grave is filled, *Tziduk ha-Din* is recited.

One who has not seen a Jew's grave within the past thirty days recites the following:

בָּרוּךְ אַתָּה יהוה, אֱלֹהֵינוּ מֶלֶךְ הָעוֹלָם, אֲשֶׁר יָצַר אֶתְכֶם בַּדִּין, וְזָן וְכִלְכֵּל אֶתְכֶם בַּדִּין, וְהֵמִית אֶתְכֶם בַּדִּין, וְיוֹדֵעַ מִסְפַּר כֻּלְּכֶם בַּדִּין, וְהוּא עָתִיד לְהַחֲיוֹתְכֶם וּלְקַיֵּם אֶתְכֶם בַּדִּין. בָּרוּךְ אַתָּה יהוה, מְחַיֵּה הַמֵּתִים.

אַתָּה גִּבּוֹר לְעוֹלָם אֲדֹנָי, מְחַיֵּה מֵתִים אַתָּה, רַב לְהוֹשִׁיעַ. מְכַלְכֵּל חַיִּים בְּחֶסֶד, מְחַיֵּה מֵתִים בְּרַחֲמִים רַבִּים, סוֹמֵךְ נוֹפְלִים, וְרוֹפֵא חוֹלִים, וּמַתִּיר אֲסוּרִים, וּמְקַיֵּם אֱמוּנָתוֹ לִישֵׁנֵי עָפָר. מִי כָמוֹךָ בַּעַל גְּבוּרוֹת, וּמִי דּוֹמֶה לָּךְ, מֶלֶךְ מֵמִית וּמְחַיֶּה, וּמַצְמִיחַ יְשׁוּעָה. וְנֶאֱמָן אַתָּה לְהַחֲיוֹת מֵתִים.

Carry the coffin to the grave (with the feet facing the grave), stopping seven times, with approximately eight feet between stops. Each time the coffin is moved toward the grave, those escorting it begin Psalm 91 (below) and recite it until the verse that begins כִּי מַלְאָכָיו (see below). The verse contains seven words, and at each stop a further word is recited until, at the seventh stop, the verse is completed. As those who carry the coffin make the first stop, they recite the word כִּי. After pausing, they begin the psalm again, and after approximately eight feet, recite כִּי מַלְאָכָיו and stop. This procedure is repeated until the verse is completed at the seventh stop.

[No stops are made on days when *Tachanun* is omitted and on *Erev Shabbos* and *Erev Yom Tov* after noon (*chatzos*).]

תהלים צא

א **יֹשֵׁב** בְּסֵתֶר עֶלְיוֹן, בְּצֵל שַׁדַּי יִתְלוֹנָן. ב אֹמַר לַיהוה מַחְסִי וּמְצוּדָתִי, אֱלֹהַי אֶבְטַח בּוֹ. ג כִּי הוּא יַצִּילְךָ מִפַּח יָקוּשׁ, מִדֶּבֶר הַוּוֹת. ד בְּאֶבְרָתוֹ יָסֶךְ לָךְ, וְתַחַת כְּנָפָיו תֶּחְסֶה, צִנָּה וְסֹחֵרָה אֲמִתּוֹ. ה לֹא תִירָא מִפַּחַד לָיְלָה, מֵחֵץ יָעוּף יוֹמָם. ו מִדֶּבֶר בָּאֹפֶל יַהֲלֹךְ, מִקֶּטֶב יָשׁוּד צָהֳרָיִם. ז יִפֹּל מִצִּדְּךָ אֶלֶף, וּרְבָבָה מִימִינֶךָ, אֵלֶיךָ לֹא יִגָּשׁ. ח רַק בְּעֵינֶיךָ תַבִּיט, וְשִׁלֻּמַת רְשָׁעִים תִּרְאֶה. ט כִּי אַתָּה יהוה מַחְסִי, עֶלְיוֹן שַׂמְתָּ מְעוֹנֶךָ. י לֹא תְאֻנֶּה אֵלֶיךָ רָעָה, וְנֶגַע לֹא יִקְרַב בְּאָהֳלֶךָ.

פעם א' – כִּי . . .

פעם ב' – כִּי מַלְאָכָיו . . .

פעם ג' – כִּי מַלְאָכָיו יְצַוֶּה . . .

פעם ד' – כִּי מַלְאָכָיו יְצַוֶּה לָּךְ, . . .

פעם ה' – כִּי מַלְאָכָיו יְצַוֶּה לָּךְ, לִשְׁמָרְךָ . . .

פעם ו' – כִּי מַלְאָכָיו יְצַוֶּה לָּךְ, לִשְׁמָרְךָ בְּכָל . . .

פעם ז' – כִּי מַלְאָכָיו יְצַוֶּה לָּךְ, לִשְׁמָרְךָ בְּכָל דְּרָכֶיךָ.

PROCEDURE FOR BURIAL

One who has not seen a Jew's grave within the past thirty days recites the following:

בָּרוּךְ Blessed are You, Hashem, our God, King of the universe, Who fashioned you with justice, nourished and sustained you with justice, took your lives with justice, knows the sum total of all of you with justice, and will restore and resuscitate you with judgment. Blessed are You, Hashem, Who resuscitates the dead.

אַתָּה You are eternally mighty, my Lord, the Resuscitator of the dead are You; abundantly able to save. He sustains the living with kindness, resuscitates the dead with abundant mercy, supports the fallen, heals the sick, releases the confined, and maintains His faith to those asleep in the dust. Who is like You, O Master of mighty deeds, and who is comparable to You, O King Who causes death and restores life and makes salvation sprout. And You are faithful to resuscitate the dead.

Carry the coffin to the grave (with the feet facing the grave), stopping seven times, with approximately eight feet between stops. Each time the coffin is moved toward the grave, those escorting it begin Psalm 91 (below) and recite it until the verse that begins *"For His angels"* (see below). The verse contains seven words, and at each stop a further word is recited until, at the seventh stop, the verse is completed. As those who carry the coffin make the first stop, they recite the word *"For."* After pausing, they begin the psalm again, and after approximately eight feet, recite *"For His angels"* and stop. This procedure is repeated until the verse is completed at the seventh stop.

[No stops are made on days when *Tachanun* is omitted and on *Erev Shabbos* and *Erev Yom Tov* after noon.]

Psalms 91

יֹשֵׁב ¹ Whoever sits in the refuge of the Most High, he shall dwell in the shadow of the Almighty. ² I will say of Hashem, "He is my refuge and my fortress, my God, I will trust in Him." ³ For He will deliver you from the ensnaring trap, from devastating pestilence. ⁴ With His pinion He will cover you, and beneath His wings you will be protected; shield and armor is His truth. ⁵ You shall not fear the terror of night; nor of the arrow that flies by day; ⁶ nor the pestilence that walks in gloom; nor the destroyer who lays waste at noon. ⁷ Let a thousand encamp at your side and a myriad at your right hand, but to you they shall not approach. ⁸ You will merely peer with your eyes and you will see the retribution of the wicked. ⁹ Because [you said], "You, Hashem, are my refuge," you have made the Most High your dwelling place. ¹⁰ No evil will befall you, nor will any plague come near your tent.

1st stop: *For . . .*
2nd stop: *For His angels . . .*
3rd stop: *For His angels He will charge . . .*
4th stop: *For His angels He will charge for you . . .*
5th stop: *For His angels He will charge for you to protect you . . .*
6th stop: *For His angels He will charge for you to protect you in all . . .*
7th stop: *For His angels He will charge for you to protect you in all your ways.*

Some have the custom to complete the psalm:

יב עַל כַּפַּיִם יִשָּׂאוּנְךָ, פֶּן תִּגֹּף בָּאֶבֶן רַגְלֶךָ. יג עַל שַׁחַל וָפֶתֶן
תִּדְרֹךְ, תִּרְמֹס כְּפִיר וְתַנִּין. יד כִּי בִי חָשַׁק וַאֲפַלְּטֵהוּ, אֲשַׂגְּבֵהוּ כִּי
יָדַע שְׁמִי. טו יִקְרָאֵנִי וְאֶעֱנֵהוּ, עִמּוֹ אָנֹכִי בְצָרָה; אֲחַלְּצֵהוּ
וַאֲכַבְּדֵהוּ. טז אֹרֶךְ יָמִים אַשְׂבִּיעֵהוּ, וְאַרְאֵהוּ בִּישׁוּעָתִי.

צדוק הדין

The following is recited after the grave is filled. The mourners initiate, and all assembled recite it along with them. [It is not said on days when *Tachanun* is omitted and on *Erev Shabbos* and *Erev Yom Tov* after noon (*chatzos*).]

הַצּוּר תָּמִים פָּעֳלוֹ, כִּי כָל דְּרָכָיו מִשְׁפָּט, אֵל אֱמוּנָה וְאֵין עָוֶל, צַדִּיק וְיָשָׁר הוּא. הַצּוּר תָּמִים בְּכָל פֹּעַל, מִי יֹאמַר לוֹ מַה תִּפְעָל, הַשַּׁלִּיט בְּמַטָּה וּבְמַעַל, מֵמִית וּמְחַיֶּה, מוֹרִיד שְׁאוֹל וַיָּעַל. הַצּוּר תָּמִים בְּכָל מַעֲשֶׂה, מִי יֹאמַר אֵלָיו מַה תַּעֲשֶׂה, הָאוֹמֵר וְעֹשֶׂה, חֶסֶד חִנָּם לָנוּ תַעֲשֶׂה, וּבִזְכוּת הַנֶּעֱקַד כְּשֶׂה, הַקְשִׁיבָה וַעֲשֵׂה. צַדִּיק בְּכָל דְּרָכָיו הַצּוּר תָּמִים, אֶרֶךְ אַפַּיִם וּמָלֵא רַחֲמִים, חֲמָל נָא וְחוּס נָא עַל אָבוֹת וּבָנִים, כִּי לְךָ אָדוֹן הַסְּלִיחוֹת וְהָרַחֲמִים. צַדִּיק אַתָּה יהוה לְהָמִית וּלְהַחֲיוֹת, אֲשֶׁר בְּיָדְךָ פִּקְדוֹן כָּל רוּחוֹת, חָלִילָה לְּךָ זִכְרוֹנֵנוּ לִמְחוֹת, וְיִהְיוּ נָא עֵינֶיךָ בְּרַחֲמִים עָלֵינוּ פְקוּחוֹת, כִּי לְךָ אָדוֹן הָרַחֲמִים וְהַסְּלִיחוֹת. אָדָם אִם בֶּן שָׁנָה יִהְיֶה, אוֹ אֶלֶף שָׁנִים יִחְיֶה, מַה יִּתְרוֹן לוֹ, כְּלֹא הָיָה יִהְיֶה, בָּרוּךְ דַּיַּן הָאֱמֶת, מֵמִית וּמְחַיֶּה. בָּרוּךְ הוּא, כִּי אֱמֶת דִּינוֹ, וּמְשׁוֹטֵט הַכֹּל בְּעֵינוֹ, וּמְשַׁלֵּם לְאָדָם חֶשְׁבּוֹנוֹ וְדִינוֹ, וְהַכֹּל לִשְׁמוֹ הוֹדָיָה יִתֵּנוּ. יָדַעְנוּ יהוה כִּי צֶדֶק מִשְׁפָּטֶךָ, תִּצְדַּק בְּדָבְרֶךָ וְתִזְכֶּה בְּשָׁפְטֶךָ, וְאֵין לְהַרְהֵר אַחַר מִדַּת שָׁפְטֶךָ, צַדִּיק אַתָּה יהוה, וְיָשָׁר מִשְׁפָּטֶיךָ. דַּיַּן אֱמֶת, שׁוֹפֵט צֶדֶק וֶאֱמֶת, בָּרוּךְ דַּיַּן הָאֱמֶת, שֶׁכָּל מִשְׁפָּטָיו צֶדֶק וֶאֱמֶת. נֶפֶשׁ כָּל חַי בְּיָדֶךָ, צֶדֶק מָלְאָה יְמִינְךָ וְיָדֶךָ, רַחֵם עַל פְּלֵיטַת צֹאן יָדֶךָ, וְתֹאמַר לַמַּלְאָךְ הֶרֶף יָדֶךָ. גְּדֹל הָעֵצָה וְרַב הָעֲלִילִיָּה, אֲשֶׁר עֵינֶיךָ פְּקֻחוֹת עַל כָּל דַּרְכֵי בְּנֵי אָדָם, לָתֵת לְאִישׁ כִּדְרָכָיו וְכִפְרִי מַעֲלָלָיו. לְהַגִּיד כִּי יָשָׁר יהוה, צוּרִי וְלֹא עַוְלָתָה בּוֹ. יהוה נָתַן, וַיהוה לָקָח, יְהִי שֵׁם יהוה מְבֹרָךְ. וְהוּא רַחוּם, יְכַפֵּר עָוֹן וְלֹא יַשְׁחִית, וְהִרְבָּה לְהָשִׁיב אַפּוֹ, וְלֹא יָעִיר כָּל חֲמָתוֹ.

Some have the custom to complete the psalm:

12 *On palms they will carry you, lest you strike your foot against a stone.*
13 *Upon the lion and the viper you will tread; you will trample the young lion and the serpent.* 14 *For he has yearned for Me and I will deliver him; I will elevate him because he knows My Name.* 15 *He will call upon Me and I will answer him, I am with him in distress; I will release him and I will bring him honor.* 16 *With long life will I satisfy him, and I will show him My salvation.*

TZIDUK HA-DIN

The following is recited after the grave is filled. The mourners initiate, and all assembled recite it along with them. [It is not said on days when *Tachanun* is omitted and on *Erev Shabbos* and *Erev Yom Tov* after noon.]

הַצּוּר *The Rock! — perfect is His work, for all His paths are justice; a God of faith without iniquity, righteous and fair is He. The Rock! — perfect in every work, Who can say to Him, "What have you done?" He rules below and above, brings death and resuscitates, brings down to the grave and raises up. The Rock — perfect in every deed. Who can say to Him: "What do You do?" O He Who says and does, do undeserved kindness with us. In the merit of him [Isaac] who was bound like a lamb, hearken and act. O righteous One in all His ways, O Rock Who is perfect — slow to anger and full of mercy — take pity and please spare parents and children, for Yours, O master, are forgiveness and mercy. Righteous are You, Hashem, to bring death and to resuscitate, for in Your hand is the safekeeping of all spirits. It would be sacrilegious for You to erase our memory. May Your eyes mercifully take cognizance of us, for Yours, O Master, are mercy and forgiveness. A man, whether he be a year old, or whether he lives a thousand years, what does it profit him? — As if he has never been shall he be. Blessed is the true Judge, Who brings death and resuscitates. Blessed is He, for His judgment is true, He scans everything with His eye, and He recompenses man according to his account and his just sentence. All must give His Name acknowledgment. We know, Hashem, that Your judgment is righteous, You are righteous when You speak and pure when You judge; and there is no complaining about the attribute of Your judgment. Righteous are You, O Hashem, and Your judgments are fair. O true Judge, Judge of righteousness and truth. Blessed is the true Judge, for all of His judgments are righteous and true. The soul of all the living is in Your hand, righteousness fills Your right hand and Your power. Have mercy on the remnant of the sheep of Your hand, and say to the Angel [of Death], "Hold back your hand!" Great in counsel and abundant in deed, Your eyes are open upon all the ways of the children of man, to give man according to his ways and according to the fruit of his deeds. To declare that Hashem is just, my Rock, in Whom there is no wrong. Hashem gave and Hashem took. Blessed be the Name of Hashem. He, the Merciful One, is forgiving of iniquity and does not destroy, frequently withdrawing His anger, not arousing His entire rage.*

After *Tziduk ha-Din* is recited, one or more of the following chapters of *Tehillim* are recited:

תהלים כג

א **מִזְמוֹר** לְדָוִד, יהוה רֹעִי, לֹא אֶחְסָר. ב בִּנְאוֹת דֶּשֶׁא יַרְבִּיצֵנִי,
עַל מֵי מְנֻחוֹת יְנַהֲלֵנִי. ג נַפְשִׁי יְשׁוֹבֵב, יַנְחֵנִי בְמַעְגְּלֵי
צֶדֶק לְמַעַן שְׁמוֹ. ד גַּם כִּי אֵלֵךְ בְּגֵיא צַלְמָוֶת, לֹא אִירָא רָע כִּי
אַתָּה עִמָּדִי; שִׁבְטְךָ וּמִשְׁעַנְתֶּךָ הֵמָּה יְנַחֲמֻנִי. ה תַּעֲרֹךְ לְפָנַי שֻׁלְחָן
נֶגֶד צֹרְרָי; דִּשַּׁנְתָּ בַשֶּׁמֶן רֹאשִׁי, כּוֹסִי רְוָיָה. ו אַךְ טוֹב וָחֶסֶד
יִרְדְּפוּנִי כָּל יְמֵי חַיָּי, וְשַׁבְתִּי בְּבֵית יהוה לְאֹרֶךְ יָמִים.

תהלים טז

א **מִכְתָּם** לְדָוִד, שָׁמְרֵנִי אֵל כִּי חָסִיתִי בָךְ. ב אָמַרְתְּ לַיהוה,
אֲדֹנָי אָתָּה, טוֹבָתִי בַּל עָלֶיךָ. ג לִקְדוֹשִׁים אֲשֶׁר בָּאָרֶץ
הֵמָּה, וְאַדִּירֵי כָּל חֶפְצִי בָם. ד יִרְבּוּ עַצְּבוֹתָם אַחֵר מָהָרוּ; בַּל
אַסִּיךְ נִסְכֵּיהֶם מִדָּם, וּבַל אֶשָּׂא אֶת שְׁמוֹתָם עַל שְׂפָתָי. ה יהוה
מְנָת חֶלְקִי וְכוֹסִי, אַתָּה תּוֹמִיךְ גּוֹרָלִי. ו חֲבָלִים נָפְלוּ לִי בַּנְּעִמִים,
אַף נַחֲלָת שָׁפְרָה עָלָי. ז אֲבָרֵךְ אֶת יהוה אֲשֶׁר יְעָצָנִי, אַף לֵילוֹת
יִסְּרוּנִי כִלְיוֹתָי. ח שִׁוִּיתִי יהוה לְנֶגְדִּי תָמִיד, כִּי מִימִינִי, בַּל אֶמּוֹט.
ט לָכֵן שָׂמַח לִבִּי וַיָּגֶל כְּבוֹדִי, אַף בְּשָׂרִי יִשְׁכֹּן לָבֶטַח. י כִּי לֹא
תַעֲזֹב נַפְשִׁי לִשְׁאוֹל, לֹא תִתֵּן חֲסִידְךָ לִרְאוֹת שָׁחַת. יא תּוֹדִיעֵנִי
אֹרַח חַיִּים, שֹׂבַע שְׂמָחוֹת אֶת פָּנֶיךָ, נְעִמוֹת בִּימִינְךָ נֶצַח.

תהלים מט

א **לַמְנַצֵּחַ** לִבְנֵי קֹרַח מִזְמוֹר. ב שִׁמְעוּ זֹאת כָּל הָעַמִּים, הַאֲזִינוּ
כָּל יֹשְׁבֵי חָלֶד. ג גַּם בְּנֵי אָדָם, גַּם בְּנֵי אִישׁ; יַחַד
עָשִׁיר וְאֶבְיוֹן. ד פִּי יְדַבֵּר חָכְמוֹת, וְהָגוּת לִבִּי תְבוּנוֹת. ה אַטֶּה
לְמָשָׁל אָזְנִי, אֶפְתַּח בְּכִנּוֹר חִידָתִי. ו לָמָּה אִירָא בִּימֵי רָע, עֲוֹן
עֲקֵבַי יְסֻבֵּנִי. ז הַבֹּטְחִים עַל חֵילָם, וּבְרֹב עָשְׁרָם יִתְהַלָּלוּ. ח אָח
לֹא פָדֹה יִפְדֶּה אִישׁ, לֹא יִתֵּן לֵאלֹהִים כָּפְרוֹ. ט וְיֵקַר פִּדְיוֹן
נַפְשָׁם, וְחָדַל לְעוֹלָם. י וִיחִי עוֹד לָנֶצַח, לֹא יִרְאֶה הַשָּׁחַת. יא כִּי
יִרְאֶה חֲכָמִים יָמוּתוּ, יַחַד כְּסִיל וָבַעַר יֹאבֵדוּ, וְעָזְבוּ לַאֲחֵרִים
חֵילָם. יב קִרְבָּם בָּתֵּימוֹ לְעוֹלָם, מִשְׁכְּנֹתָם לְדֹר וָדֹר; קָרְאוּ
בִשְׁמוֹתָם עֲלֵי אֲדָמוֹת. יג וְאָדָם בִּיקָר בַּל יָלִין, נִמְשַׁל כַּבְּהֵמוֹת
נִדְמוּ. יד זֶה דַרְכָּם כֵּסֶל לָמוֹ, וְאַחֲרֵיהֶם בְּפִיהֶם יִרְצוּ סֶלָה.

13 / PROCEDURE FOR BURIAL

After *Tziduk ha-Din* is recited, one or more of the following chapters of *Psalms* are recited:

Psalms 23

מִזְמוֹר ¹ *A psalm by David: Hashem is my shepherd, I shall not lack.* ² *In lush meadows He lays my down, beside tranquil waters He leads me.* ³ *He restores my soul, He leads me on paths of justice for His Name's sake.* ⁴ *Though I walk in the valley overshadowed by death, I will fear no evil, for You are with me. Your rod and Your staff, they comfort me.* ⁵ *You prepare a table before me in view of my tormentors. You anointed my head with oil, my cup overflows.* ⁶ *May only goodness and kindness pursue me all the days of my life, and I shall dwell in the House of Hashem for long days.*

Psalms 16

מִכְתָּם ¹ *A Michtam by David. Protect me, O God, for I have sought refuge in You.* ² *You have said to Hashem, "You are my Master, I have no claim to Your benefit."* ³ *For the sake of the holy ones who are interred in the earth and for the mighty — all my desires are fulfilled because of them.* ⁴ *Their sorrows will multiply, those who rush after other [gods]; I shall not pour their blood libations, nor carry their names upon my lips.* ⁵ *Hashem is my allotted portion and my share, You guide my destiny.* ⁶ *Portions have fallen to me in pleasant places, even the inheritance is beautiful to me.* ⁷ *I will bless Hashem Who has advised me, also in the nights my own intellect instructs me.* ⁸ *I have set Hashem before me always; because He is at my right hand I shall not falter.* ⁹ *For the following reason does my heart rejoice and my soul is elated, my flesh, too, rests in confidence:* ¹⁰ *Because You will not abandon my soul to the grave, You will not allow Your devout one to witness destruction.* ¹¹ *You will make known to me the path of life, the fullness of joys in Your Presence, the delights that are in Your right hand for eternity.*

Psalms 49

לַמְנַצֵּחַ ¹ *For the Conductor, by the sons of Korach, a psalm.* ² *Hear this all you peoples, give ear all you dwellers of decaying earth.* ³ *Sons of Adam and sons of man alike; together — rich man, poor man.* ⁴ *My mouth shall speak wisdom, and the meditations of my heart are insightful.* ⁵ *I will incline my ear to the parable, with a harp I will solve my riddle.* ⁶ *Why should I have to fear in days of evil, when the injunctions that I trod upon will surround me?* ⁷ *Those who rely on their possessions, and of their great wealth they are boastful —* ⁸ *yet a man cannot redeem a brother, nor give to God his ransom.* ⁹ *Too costly is their soul's redemption and unattainable forever.* ¹⁰ *Can one live eternally, never to see the pit?* ¹¹ *Though he sees that wise men die, that the foolish and boorish perish together and leave their possessions to others —* ¹² *[nevertheless,] in their imagination their houses are forever, their dwellings for generation after generation; they have proclaimed their names throughout the lands.* ¹³ *But as for man — in glory he shall not repose, he is likened to the silenced animals.* ¹⁴ *This is their way — folly is theirs, yet of their destiny their mouths speak soothingly, Selah!*

טו כַּצֹּאן לִשְׁאוֹל שַׁתּוּ, מָוֶת יִרְעֵם; וַיִּרְדּוּ בָם יְשָׁרִים לַבֹּקֶר, וְצוּרָם
לְבַלּוֹת שְׁאוֹל מִזְּבֻל לוֹ. טז אַךְ אֱלֹהִים יִפְדֶּה נַפְשִׁי מִיַּד שְׁאוֹל, כִּי
יִקָּחֵנִי סֶלָה. יז אַל תִּירָא כִּי יַעֲשִׁר אִישׁ, כִּי יִרְבֶּה כְּבוֹד בֵּיתוֹ. יח כִּי
לֹא בְמוֹתוֹ יִקַּח הַכֹּל, לֹא יֵרֵד אַחֲרָיו כְּבוֹדוֹ. יט כִּי נַפְשׁוֹ בְּחַיָּיו
יְבָרֵךְ, וְיוֹדֻךָ כִּי תֵיטִיב לָךְ. כ תָּבוֹא עַד דּוֹר אֲבוֹתָיו, עַד נֵצַח לֹא
יִרְאוּ אוֹר. כא אָדָם בִּיקָר וְלֹא יָבִין, נִמְשַׁל כַּבְּהֵמוֹת נִדְמוּ.

קדיש אחר הקבורה

In the presence of a *minyan,* mourners recite this *Kaddish*.
On days that *Tachanun* is recited, a special passage is inserted. For a transliteration of this *Kaddish,* see p. 98. However, when *Tachanun* is not recited, the regular *Kaddish* is recited.

יִתְגַּדַּל וְיִתְקַדַּשׁ שְׁמֵהּ רַבָּא (.Cong – אָמֵן.)

On days that *Tachanun* is recited:

בְּעָלְמָא דִּי הוּא עָתִיד לְאִתְחַדְתָּא, וּלְאַחֲיָאָה מֵתַיָּא, וּלְאַסָּקָא יָתְהוֹן לְחַיֵּי עָלְמָא, וּלְמִבְנֵא קַרְתָּא דִירוּשְׁלֵם, וּלְשַׁכְלֵל הֵיכְלֵהּ בְּגַוַּהּ, וּלְמֶעְקַר פֻּלְחָנָא נֻכְרָאָה מֵאַרְעָא, וְלַאֲתָבָא פֻּלְחָנָא דִשְׁמַיָּא לְאַתְרֵהּ, וְיַמְלִיךְ קֻדְשָׁא בְּרִיךְ הוּא בְּמַלְכוּתֵהּ וִיקָרֵהּ, בְּחַיֵּיכוֹן וּבְיוֹמֵיכוֹן וּבְחַיֵּי דְכָל בֵּית יִשְׂרָאֵל, בַּעֲגָלָא וּבִזְמַן קָרִיב. וְאִמְרוּ: אָמֵן.

All other times:

בְּעָלְמָא דִּי בְרָא כִרְעוּתֵהּ. וְיַמְלִיךְ מַלְכוּתֵהּ, בְּחַיֵּיכוֹן וּבְיוֹמֵיכוֹן וּבְחַיֵּי דְכָל בֵּית יִשְׂרָאֵל, בַּעֲגָלָא וּבִזְמַן קָרִיב. וְאִמְרוּ: אָמֵן.

(.Cong – אָמֵן. יְהֵא שְׁמֵהּ רַבָּא מְבָרַךְ לְעָלַם וּלְעָלְמֵי עָלְמַיָּא.)

יְהֵא שְׁמֵהּ רַבָּא מְבָרַךְ לְעָלַם וּלְעָלְמֵי עָלְמַיָּא.

יִתְבָּרַךְ וְיִשְׁתַּבַּח וְיִתְפָּאַר וְיִתְרוֹמַם וְיִתְנַשֵּׂא וְיִתְהַדָּר וְיִתְעַלֶּה וְיִתְהַלָּל שְׁמֵהּ דְּקֻדְשָׁא בְּרִיךְ הוּא (.Cong – בְּרִיךְ הוּא) – °לְעֵלָּא מִן כָּל [From Rosh Hashanah to Yom Kippur substitute– °לְעֵלָּא (וּ)לְעֵלָּא מִכָּל] בִּרְכָתָא וְשִׁירָתָא תֻּשְׁבְּחָתָא וְנֶחֱמָתָא, דַּאֲמִירָן בְּעָלְמָא. וְאִמְרוּ: אָמֵן. (.Cong – אָמֵן.)

יְהֵא שְׁלָמָא רַבָּא מִן שְׁמַיָּא, וְחַיִּים עָלֵינוּ וְעַל כָּל יִשְׂרָאֵל. וְאִמְרוּ: אָמֵן. (.Cong – אָמֵן.)

Take three steps back. Bow left and say . . . עֹשֶׂה; bow right and say . . . הוּא; bow forward and say וְעַל כָּל . . . אָמֵן. Remain standing in place for a few moments, then take three steps forward.

עֹשֶׂה שָׁלוֹם בִּמְרוֹמָיו, הוּא יַעֲשֶׂה שָׁלוֹם עָלֵינוּ, וְעַל כָּל יִשְׂרָאֵל. וְאִמְרוּ: אָמֵן. (.Cong – אָמֵן.)

15 / PROCEDURE FOR BURIAL

¹⁵ *Like sheep, they are destined for the Lower World, death shall consume them; and the upright shall dominate them at daybreak, their essence is doomed to rot in the grave, each for his dwelling.* ¹⁶ *But God will redeem my soul from the grip of the Lower World, for He will take me, Selah!* ¹⁷ *Fear not when a man grows rich, when he increases the splendor of his house.* ¹⁸ *For upon his death he will not take anything, his splendor will not descend after him.* ¹⁹ *Though he may bless himself in his lifetime, others will praise you if you improve yourself.* ²⁰ *It shall come to the generation of its fathers — unto eternity they shall see no light.* ²¹ *Man is glorious but understands not, he is likened to the silenced animals.*

KADDISH AFTER THE BURIAL

In the presence of a *minyan*, mourners recite this *Kaddish*.
On days that *Tachanun* is recited, a special passage is inserted. For a transliteration of this *Kaddish*, see p. 98. However, when *Tachanun* is not recited, the regular *Kaddish* is recited.

יִתְגַּדַּל *May His great Name grow exalted and sanctified*

(Cong.— *Amen*.)

On days that *Tachanun* is recited:

in the world which will be renewed, and where He will resuscitate the dead and raise them up to eternal life, and rebuild the city of Jerusalem and complete His Temple within it, and uproot alien worship from the earth, and return the service of Heaven to its place and where the Holy One, Blessed is He, will reign in His sovereignty and splendor, in your lifetimes and in your days, and in the lifetimes of the entire Family of Israel, swiftly and soon. Now respond: Amen.

All other times:

in the world that He created as He willed. May He give reign to His kingship in your lifetimes and in your days, and in the lifetimes of the entire Family of Israel, swiftly and soon. Now respond: Amen.

(Cong.— *Amen. May His great Name be blessed forever and ever.*)

May His great Name be blessed forever and ever.

Blessed, praised, glorified, exalted, extolled, mighty, upraised, and lauded be the Name of the Holy One, Blessed is He (Cong.— *Blessed is He*) — [From Rosh Hashanah to Yom Kippur add: *exceedingly*] *beyond any blessing and song, praise and consolation that are uttered in the world. Now respond: Amen.* (Cong.— *Amen*).

May there be abundant peace from Heaven, and life, upon us and upon all Israel. Now respond: Amen. (Cong.— *Amen*.)

Take three steps back. Bow left and say, *"He Who makes peace . . ."*;
bow right and say, *"may He . . ."*; bow forward and say, *"and upon all Israel . . ."*
Remain standing in place for a few moments, then take three steps forward.

He Who makes peace in His heights, may He make peace upon us, and upon all Israel. Now respond: Amen. (Cong.— *Amen*.)

Following the *Kaddish,* the traditional *Keil Maleh Rachamim* is recited. It may be recited even if no *minyan* is present.

FOR A MALE:

אֵל מָלֵא רַחֲמִים, שׁוֹכֵן בַּמְּרוֹמִים, הַמְצֵא מְנוּחָה נְכוֹנָה עַל כַּנְפֵי הַשְּׁכִינָה, בְּמַעֲלוֹת קְדוֹשִׁים וּטְהוֹרִים כְּזֹהַר הָרָקִיעַ מַזְהִירִים, אֶת נִשְׁמַת (שם הנפטר) בֶּן (שם אבי הנפטר) שֶׁהָלַךְ לְעוֹלָמוֹ, בַּעֲבוּר שֶׁנּוֹדְבִים צְדָקָה בְּעַד הַזְכָּרַת נִשְׁמָתוֹ. בְּגַן עֵדֶן תְּהֵא מְנוּחָתוֹ, לָכֵן בַּעַל הָרַחֲמִים יַסְתִּירֵהוּ בְּסֵתֶר כְּנָפָיו לְעוֹלָמִים; וְיִצְרוֹר בִּצְרוֹר הַחַיִּים אֶת נִשְׁמָתוֹ, יהוה הוּא נַחֲלָתוֹ, וְיָנוּחַ עַל מִשְׁכָּבוֹ בְּשָׁלוֹם וְנֹאמַר אָמֵן:

FOR A FEMALE:

אֵל מָלֵא רַחֲמִים, שׁוֹכֵן בַּמְּרוֹמִים, הַמְצֵא מְנוּחָה נְכוֹנָה עַל כַּנְפֵי הַשְּׁכִינָה, בְּמַעֲלוֹת קְדוֹשִׁים וּטְהוֹרִים כְּזֹהַר הָרָקִיעַ מַזְהִירִים, אֶת נִשְׁמַת (שם הנפטרת) בַּת (שם אבי הנפטרת) שֶׁהָלְכָה לְעוֹלָמָהּ, בַּעֲבוּר שֶׁנּוֹדְבִים צְדָקָה בְּעַד הַזְכָּרַת נִשְׁמָתָהּ. בְּגַן עֵדֶן תְּהֵא מְנוּחָתָהּ, לָכֵן בַּעַל הָרַחֲמִים יַסְתִּירֶהָ בְּסֵתֶר כְּנָפָיו לְעוֹלָמִים; וְיִצְרוֹר בִּצְרוֹר הַחַיִּים אֶת נִשְׁמָתָהּ, יהוה הוּא נַחֲלָתָהּ, וְתָנוּחַ עַל מִשְׁכָּבָהּ בְּשָׁלוֹם וְנֹאמַר אָמֵן:

When one takes leave of the grave site, the following is recited:

FOR A MALE:

לֵךְ בְּשָׁלוֹם וְתָנוּחַ בְּשָׁלוֹם
וְתַעֲמוֹד לְגוֹרָלְךָ לְקֵץ הַיָּמִין.

FOR A FEMALE:

לְכִי בְּשָׁלוֹם וְתָנוּחִי בְּשָׁלוֹם
וְתַעַמְדִי לְגוֹרָלֵךְ לְקֵץ הַיָּמִין.

At a distance of approximately eight feet from the grave, those who are present form two lines facing one another, and the mourner(s) file(s) between the rows. As the mourner(s) walk(s) through, the people forming the rows recite the following prayer of consolation:

הַמָּקוֹם יְנַחֵם אוֹתְךָ/אוֹתָךְ/אֶתְכֶם
בְּתוֹךְ שְׁאָר אֲבֵלֵי צִיּוֹן וִירוּשָׁלָיִם.

(The mourner(s) remove his/her/their shoes prior to filing between the rows. Some have the custom to remove the shoes prior to the recital of the *Kaddish.*)

Upon leaving the cemetery, many have the custom of tearing out some grass, along with some earth, and throwing it behind them over their shoulder, reciting the following verses:

וְיָצִיצוּ מֵעִיר כְּעֵשֶׂב הָאָרֶץ.[1]
זָכוּר כִּי עָפָר אֲנָחְנוּ.[2]

The custom is that one does not enter a home before washing one's hands three times, being careful to put the vessel upside down after usage and not passing it from one person to another.

17 / PROCEDURE FOR BURIAL

Following the *Kaddish,* the traditional *Keil Maleh Rachamim* is recited.
It may be recited even if no *minyan* is present.

FOR A MALE:

אֵל מָלֵא רַחֲמִים *O God, full of mercy, Who dwells on high, grant proper rest on the wings of the Divine Presence — in the lofty levels of the holy and the pure ones, who shine like the glow of the firmament — for the soul of* (deceased's Hebrew name) *the son of* (deceased's father's name) *who went on to his world, because people are contributing charity in remembrance of his soul. May his resting place be in the Garden of Eden — therefore may the Master of mercy shelter him in the shelter of His wings for eternity; and may He bind his soul in the Bond of Life. Hashem is his heritage, and may he repose in peace on his resting place. Now let us respond: Amen.*

FOR A FEMALE:

אֵל מָלֵא רַחֲמִים *O God, full of mercy, Who dwells on high, grant proper rest on the wings of the Divine Presence — in the lofty levels of the holy and the pure ones, who shine like the glow of the firmament — for the soul of* (deceased's Hebrew name) *the daughter of* (deceased's father's name) *who went on to her world, because people are contributing charity in remembrance of her soul. May her resting place be in the Garden of Eden — therefore may the Master of mercy shelter her in the shelter of His wings for eternity; and may He bind her soul in the Bond of Life. Hashem is her heritage, and may she repose in peace on her resting place. Now let us respond: Amen.*

When one takes leave of the grave site, the following is recited:

*Go in peace, rest in peace,
and arise to your lot at the End of the Days.*

At a distance of approximately eight feet from the grave, those who are present form two lines facing one another, and the mourner(s) file(s) between the rows. As the mourner(s) walk(s) through, the people forming the rows recite the following prayer of consolation:

*May the Omnipresent console you
among the other mourners of Zion and Jerusalem.*

(The mourner(s) remove his/her/their shoes prior to filing between the rows.
Some have the custom to remove the shoes prior to the recital of the *Kaddish.*)

Upon leaving the cemetery, many have the custom of tearing out some grass, along with some earth, and throwing it behind them over their shoulder, reciting the following verses:

May they blossom forth from the city like the grass of the earth.[1]
Remember that we are but dust.[2]

The custom is that one does not enter a home before washing one's hands three times, being careful to put the vessel upside down after usage and not passing it from one person to another.

---

(1) *Psalms* 72:16. (2) 103:14.

THE MOURNER'S KADDISH AT A BURIAL TRANSLITERATED / 18

➵❴ THE KADDISH RECITED AT THE BURIAL ❵➴

TRANSLITERATED WITH ASHKENAZIC PRONUNCIATION

Yisgadal v'yiskadash sh'mei rabbaw (Cong. Amein).
B'allmaw dee hu awsid l'ischadeta ul'achayaw'aw meisa'yaw,
ul'a'sawkaw yos'hon l'cha'yei allmaw,
ul'mivnei kartaw di'rushleim,
ul'shachleil hei'chawlei begavaw,
ul'mekar pulchawnaw nuchraw'aw mei'ar'aw,
v'la'sawvaw pulchawnaw dishma'yaw l'asrei,
v'yamlich kudshaw b'rich hu b'malchusei vi'kawrei
b'chayeichon, uv'yomeichon, uv'chayei d'chol beis yisroel,
ba'agawlaw u'vizman kawriv, v'imru: Amein.
b'chayeichon, uv'yomeichon, uv'chayei d'chol beis yisroel,
ba'agawlaw u'vizman kawriv, v'imru: Amein.
(Cong. – Amein. Y'hei sh'mei rabbaw m'vawrach l'allam u'l'allmei allmayaw.)
Y'hei sh'mei rabbaw m'vawrach, l'allam u'l'allmei allmayaw.

Yis'bawrach, v'yishtabach, v'yispaw'ar, v'yisromam, v'yis'nasei,
v'yis'hadar, v'yis'aleh, v'yis'halawl
sh'mei d'kudshaw b'rich hu (Cong. – b'rich hu).
L'aylaw min kol
(From Rosh Hashanah to Yom Kippur substitute – L'aylaw ul'aylaw mikol)
bir'chawsaw v'shirawsaw,
tush'b'chawsaw v'nechemawsaw,
da'ami'rawn b'allmaw, v'imru: Amein (Cong. – Amein).

Y'hei shlawmaw rabbaw min sh'mayaw,
v'chayim awleinu v'al kol yisroel, v'imru: Amein (Cong. – Amein).

> Take three steps back, bow left and say, 'Oseh...'; bow right and say,
> 'hu ya'aseh...'; bow forward and say, 'v'al kol yisroel v'imru: Amein.'

Oseh shawlom bim'ro'mawv,
hu ya'aseh shawlom awleinu,
v'al kol yisroel v'imru: Amein (Cong. – Amein).

> Remain standing in place for a few moments, then take three steps forward.

סדר הקמת מצבה
Procedure for Erecting a Monument

A formal ceremony devoted exclusively to the unveiling of a monument has no Jewish origin. However, the custom of erecting a monument to honor the deceased dates back to the time of our ancestors when Yaakov Avinu erected one for his wife Rachel (*Genesis* 35:20). Over the years, a custom developed to gather at the cemetery for the *Hakomas Matzeivah*. This ceremony affords the family and friends of the deceased an opportunity to visit the grave site once again and reflect on his or her attributes and positive character traits.

Following is a list of the procedure to be followed, presented in detail in the following pages:

1. Those who have not seen a Jew's grave within the past 30 days recite the blessing ... אֲשֶׁר יָצַר as they enter the cemetery.
2. As one reaches the grave ... וְנָחֲךָ is recited.
3. The following *Psalms* are then recited: 33,16,17,72,91,104,130.
4. Verses from *Psalms* 119 are recited, corresponding to the name of the deceased, e.g., חיים, beginning with the letter ח and ending with ם.
5. Often, Rabbis or family members deliver a eulogy at this point.
6. Verses from *Psalms* 119 spelling נ.ש.מ.ה. (soul) are recited.
7. If time is available, recite also verses from *Psalms* 119 corresponding to the name of the deceased's father.
8. The Mourner's *Kaddish* is recited.
9. The "*Keil Maleh*" prayer is recited.
10. A stone or pebble is placed atop the grave.

For laws pertaining to the *Hakomas Matzeivah* ceremony, see p. 91-92.

One who has not seen a Jew's grave within the past thirty days recites the following:

בָּרוּךְ אַתָּה יהוה, אֱלֹהֵינוּ מֶלֶךְ הָעוֹלָם, אֲשֶׁר יָצַר אֶתְכֶם בַּדִּין, וְזָן וְכִלְכֵּל אֶתְכֶם בַּדִּין, וְהֵמִית אֶתְכֶם בַּדִּין, וְיוֹדֵעַ מִסְפַּר כֻּלְּכֶם בַּדִּין, וְהוּא עָתִיד לְהַחֲיוֹתְכֶם וּלְקַיֵּם אֶתְכֶם בַּדִּין. בָּרוּךְ אַתָּה יהוה, מְחַיֵּה הַמֵּתִים.

אַתָּה גִבּוֹר לְעוֹלָם אֲדֹנָי, מְחַיֵּה מֵתִים אַתָּה, רַב לְהוֹשִׁיעַ. מְכַלְכֵּל חַיִּים בְּחֶסֶד, מְחַיֵּה מֵתִים בְּרַחֲמִים רַבִּים, סוֹמֵךְ נוֹפְלִים, וְרוֹפֵא חוֹלִים, וּמַתִּיר אֲסוּרִים, וּמְקַיֵּם אֱמוּנָתוֹ לִישֵׁנֵי עָפָר. מִי כָמוֹךָ בַּעַל גְּבוּרוֹת, וּמִי דוֹמֶה לָּךְ, מֶלֶךְ מֵמִית וּמְחַיֶּה, וּמַצְמִיחַ יְשׁוּעָה. וְנֶאֱמָן אַתָּה לְהַחֲיוֹת מֵתִים.

Upon reaching the grave, it is customary to place one's left hand on the monument and recite the following verses (Isaiah 58:11-12):

וְנָחֲךָ יהוה תָּמִיד וְהִשְׂבִּיעַ בְּצַחְצָחוֹת נַפְשֶׁךָ, וְעַצְמֹתֶיךָ יַחֲלִיץ, וְהָיִיתָ כְּגַן רָוֶה וּכְמוֹצָא מַיִם אֲשֶׁר לֹא יְכַזְּבוּ מֵימָיו. וּבָנוּ מִמְּךָ חָרְבוֹת עוֹלָם, מוֹסְדֵי דוֹר וָדוֹר תְּקוֹמֵם, וְקֹרָא לְךָ גֹּדֵר פֶּרֶץ מְשׁוֹבֵב נְתִיבוֹת לָשָׁבֶת.

FOR A FEMALE	FOR A MALE:
תִּשְׁכְּבִי בְּשָׁלוֹם וְתִישְׁנִי בְּשָׁלוֹם עַד בֹּא מְנַחֵם מַשְׁמִיעַ שָׁלוֹם.	תִּשְׁכַּב בְּשָׁלוֹם וְתִישַׁן בְּשָׁלוֹם עַד בֹּא מְנַחֵם מַשְׁמִיעַ שָׁלוֹם.

When placing one's hand on the grave, one should think of the verse וְנָחֲךָ, "Hashem will guide you always," quoted above, which contains fifteen words, like the number of joints on the hand.

In addition, the following are the chapters from *Sefer Tehillim* that are recited whenever one visits a grave, and are most fitting and appropriate for a tombstone dedication as well.

תהלים לג

א **רַנְּנוּ** צַדִּיקִים בַּיהוה, לַיְשָׁרִים נָאוָה תְהִלָּה. ב הוֹדוּ לַיהוה בְּכִנּוֹר, בְּנֵבֶל עָשׂוֹר זַמְּרוּ לוֹ. ג שִׁירוּ לוֹ שִׁיר חָדָשׁ, הֵיטִיבוּ נַגֵּן בִּתְרוּעָה. ד כִּי יָשָׁר דְּבַר יהוה, וְכָל מַעֲשֵׂהוּ בֶּאֱמוּנָה. ה אֹהֵב צְדָקָה וּמִשְׁפָּט, חֶסֶד יהוה מָלְאָה הָאָרֶץ. ו בִּדְבַר יהוה שָׁמַיִם נַעֲשׂוּ, וּבְרוּחַ פִּיו כָּל צְבָאָם. ז כֹּנֵס כַּנֵּד מֵי הַיָּם, נֹתֵן בְּאוֹצָרוֹת תְּהוֹמוֹת. ח יִירְאוּ מֵיהוה כָּל הָאָרֶץ, מִמֶּנּוּ יָגוּרוּ כָּל יֹשְׁבֵי תֵבֵל. ט כִּי הוּא אָמַר וַיֶּהִי, הוּא צִוָּה וַיַּעֲמֹד. י יהוה הֵפִיר עֲצַת גּוֹיִם, הֵנִיא מַחְשְׁבוֹת עַמִּים. יא עֲצַת יהוה לְעוֹלָם תַּעֲמֹד, מַחְשְׁבוֹת לִבּוֹ לְדֹר וָדֹר. יב אַשְׁרֵי הַגּוֹי אֲשֶׁר יהוה אֱלֹהָיו, הָעָם בָּחַר לְנַחֲלָה לוֹ. יג מִשָּׁמַיִם הִבִּיט יהוה, רָאָה אֶת כָּל בְּנֵי הָאָדָם.

21 / PROCEDURE FOR ERECTING A MONUMENT

One who has not seen a Jew's grave within the past thirty days recites the following:

בָּרוּךְ Blessed are You, Hashem, our God, King of the universe, Who fashioned you with justice, nourished and sustained you with justice, took your lives with justice, knows the sum total of all of you with justice, and will restore and resuscitate you with judgment. Blessed are You, Hashem, Who resuscitates the dead.

אַתָּה You are eternally mighty, my Lord, the Resuscitator of the dead are You; abundantly able to save. He sustains the living with kindness, resuscitates the dead with abundant mercy, supports the fallen, heals the sick, releases the confined, and maintains His faith to those asleep in the dust. Who is like You, O Master of mighty deeds, and who is comparable to You, O King Who causes death and restores life and makes salvation sprout. And You are faithful to resuscitate the dead.

Upon reaching the grave, it is customary to place one's left hand on the monument and recite the following verses (Isaiah 58:11-12):

וְנָחֲךָ Hashem will guide you always, sating your soul in thirsty places, and rescuing your bones. And you shall be a like a watered garden, and like a never-failing spring of water. From you, the ancient ruins will be rebuilt; you will re-establish the structures of the generations. They will call you "the one who repairs the breach and resettles the ways of civilization."

Then one says:
Lie in peace and rest in peace
until the coming of the Consoler Who will announce peace.

When placing one's hand on the grave, one should think of the verse, "*Hashem will guide you always,*" quoted above, which contains fifteen words, like the number of joints on the hand.

In addition, the following are the chapters from the book of *Psalms* that are recited whenever one visits a grave, and are most fitting and appropriate for a tombstone dedication as well.

Psalms 33

רַנְּנוּ [1] Sing joyfully, O righteous, because of Hashem; for the upright, praise is fitting. [2] Give thanks to Hashem with the harp, with the ten-stringed lyre make music to Him. [3] Sing Him a new song, play well with sounds of deep emotion. [4] For the word of Hashem is upright and all His deeds are done with faithfulness. [5] He loves righteousness and justice, the kindness of Hashem fills the earth. [6] By the word of Hashem the heavens were made, and by the breath of His mouth all their host. [7] He assembles like a mound the waters of the sea, He places the deep waters in vaults. [8] Fear Hashem, all the earth; be in dread of Him, all inhabitants of the world. [9] For He spoke and it came to be, He commanded and it stood firm. [10] Hashem annuls the counsel of peoples, he thwarts the designs of nations. [11] The counsel of Hashem will endure forever, the designs of His heart throughout the generations. [12] Praiseworthy is the people whose God is Hashem, the nation He chose for His own heritage. [13] From heaven Hashem looks down, He sees all mankind.

יד מִמְּכוֹן שִׁבְתּוֹ הִשְׁגִּיחַ, אֶל כָּל יֹשְׁבֵי הָאָרֶץ. טו הַיֹּצֵר יַחַד לִבָּם,
הַמֵּבִין אֶל כָּל מַעֲשֵׂיהֶם. טז אֵין הַמֶּלֶךְ נוֹשָׁע בְּרָב חָיִל, גִּבּוֹר לֹא
יִנָּצֵל בְּרָב כֹּחַ. יז שֶׁקֶר הַסּוּס לִתְשׁוּעָה, וּבְרֹב חֵילוֹ לֹא יְמַלֵּט.
יח הִנֵּה עֵין יהוה אֶל יְרֵאָיו, לַמְיַחֲלִים לְחַסְדּוֹ. יט לְהַצִּיל מִמָּוֶת
נַפְשָׁם, וּלְחַיּוֹתָם בָּרָעָב. כ נַפְשֵׁנוּ חִכְּתָה לַיהוה, עֶזְרֵנוּ וּמָגִנֵּנוּ הוּא.
כא כִּי בוֹ יִשְׂמַח לִבֵּנוּ, כִּי בְשֵׁם קָדְשׁוֹ בָטָחְנוּ. כב יְהִי חַסְדְּךָ יהוה
עָלֵינוּ, כַּאֲשֶׁר יִחַלְנוּ לָךְ.

תהלים טז

א **מִכְתָּם** לְדָוִד, שָׁמְרֵנִי אֵל כִּי חָסִיתִי בָךְ. ב אָמַרְתְּ לַיהוה,
אֲדֹנָי אָתָּה, טוֹבָתִי בַּל עָלֶיךָ. ג לִקְדוֹשִׁים אֲשֶׁר בָּאָרֶץ
הֵמָּה, וְאַדִּירֵי כָּל חֶפְצִי בָם. ד יִרְבּוּ עַצְּבוֹתָם אַחֵר מָהָרוּ; בַּל אַסִּיךְ
נִסְכֵּיהֶם מִדָּם, וּבַל אֶשָּׂא אֶת שְׁמוֹתָם עַל שְׂפָתָי. ה יהוה מְנָת
חֶלְקִי* וְכוֹסִי, אַתָּה תּוֹמִיךְ גּוֹרָלִי. ו חֲבָלִים נָפְלוּ לִי בַּנְּעִמִים, אַף
נַחֲלָת שָׁפְרָה עָלָי. ז אֲבָרֵךְ אֶת יהוה אֲשֶׁר יְעָצָנִי, אַף לֵילוֹת
יִסְּרוּנִי כִלְיוֹתָי. ח שִׁוִּיתִי יהוה לְנֶגְדִּי תָמִיד, כִּי מִימִינִי, בַּל אֶמּוֹט.
ט לָכֵן שָׂמַח לִבִּי וַיָּגֶל כְּבוֹדִי,* אַף בְּשָׂרִי יִשְׁכֹּן לָבֶטַח. י כִּי לֹא
תַעֲזֹב נַפְשִׁי לִשְׁאוֹל,* לֹא תִתֵּן חֲסִידְךָ לִרְאוֹת שָׁחַת. יא תּוֹדִיעֵנִי*
אֹרַח חַיִּים, שֹׂבַע שְׂמָחוֹת אֶת פָּנֶיךָ, נְעִמוֹת בִּימִינְךָ נֶצַח.*

תהלים יז

א **תְּפִלָּה** לְדָוִד; שִׁמְעָה יהוה צֶדֶק, הַקְשִׁיבָה רִנָּתִי, הַאֲזִינָה
תְפִלָּתִי, בְּלֹא שִׂפְתֵי מִרְמָה. ב מִלְּפָנֶיךָ מִשְׁפָּטִי יֵצֵא,
עֵינֶיךָ תֶּחֱזֶינָה מֵישָׁרִים. ג בָּחַנְתָּ לִבִּי, פָּקַדְתָּ לַּיְלָה, צְרַפְתַּנִי בַל
תִּמְצָא; זַמֹּתִי בַּל יַעֲבָר פִּי. ד לִפְעֻלּוֹת אָדָם בִּדְבַר שְׂפָתֶיךָ, אֲנִי
שָׁמַרְתִּי אָרְחוֹת פָּרִיץ. ה תָּמֹךְ אֲשֻׁרַי בְּמַעְגְּלוֹתֶיךָ, בַּל נָמוֹטּוּ

***Psalms* 16**

5. ה׳ מְנָת חֶלְקִי — *Hashem is my allotted portion.* All that I have comes solely from Hashem *(Rashi)*. Based on this verse, Rambam notes that any human being whose spirit and mind bestir him to dedicate himself to serve God and know Him, following the direct course which God intended and abandoning the myriad considerations devised by men, thereby becomes supremely sanctified; God will be his eternal portion and will provide his necessities in this world [as well], just as He provided for the priests and Levites .... (*Hil. Shemittah ve-Yovel* 13:13).

9. כְּבוֹדִי — *My soul* [lit., *my honor*]. It is called כָּבוֹד because it is the glory and the honor of the body. I am confident, says David Hamelech, that when my soul departs from my body it will cleave unto its Maker *(Radak)*.

Malbim here calls our attention to the difference between שִׂמְחָה and גִּיל. Ordinarily, שִׂמְחָה, *constant joy*, follows a burst of גִּיל, *elation*. Here, however, first שָׂמַח לִבִּי, *my heart rejoices* constantly because it always manages to steadily overcome the evil inclination. Then, וַיָּגֶל כְּבוֹדִי, *my soul is elated* because it is climbing higher and higher and experiences new thrills of spiritual rapture from time to time.

10. כִּי לֹא תַעֲזֹב נַפְשִׁי לִשְׁאוֹל — *Because You will not abandon my soul to the grave.* Having explained why his flesh rests in confidence (verse 9), David

23 / **PROCEDURE FOR ERECTING A MONUMENT**

¹⁴ *From His dwelling place He oversees all inhabitants of the earth,* ¹⁵ *He Who fashions their hearts together, Who comprehends all their deeds.* ¹⁶ *A king is not saved by a great army, nor is a hero rescued by great strength.* ¹⁷ *Illusory is the horse for salvation; despite its great strength it provides no escape.* ¹⁸ *Behold, the eye of Hashem is on those who fear Him, upon those who await His kindness.* ¹⁹ *To rescue their soul from death, and to sustain them in famine.* ²⁰ *Our soul longed for Hashem — our help and our shield is He.* ²¹ *For in Him will our hearts be glad, for in His Holy Name we trusted.* ²² *May Your kindness, Hashem, be upon us, just as we awaited You.*

Psalms 16

מִכְתָּם ¹ *A Michtam by David. Protect me O God, for I have sought refuge in You.* ² *You have said to Hashem, "You are my Master, I have no claim to Your benefit."* ³ *For the sake of the holy ones who are interred in the earth and for the mighty — all my desires are fulfilled because of them.* ⁴ *Their sorrows will multiply, those who rush after other [gods]; I shall not pour their blood libations, nor carry their names upon my lips.* ⁵ *Hashem is my allotted portion* and my share, You guide my destiny.* ⁶ *Portions have fallen to me in pleasant places, even the inheritance is beautiful to me.* ⁷ *I will bless Hashem Who has advised me, also in the nights my own intellect instructs me.* ⁸ *I have set Hashem before me always; because He is at my right hand I shall not falter.* ⁹ *For the following reason does my heart rejoice and my soul* is elated, my flesh, too, rests in confidence:* ¹⁰ *Because You will not abandon my soul to the grave,* You will not allow Your devout one to witness destruction.* ¹¹ *You will make known to me* the path of life, the fullness of joys in Your Presence, the delights that are in Your right hand for eternity.**

Psalms 17

תְּפִלָּה ¹ *A prayer of David: Hear, Hashem, what is righteous, attend to my entreaty, give ear to my prayer — which is not from deceitful lips.* ² *May my judgment go out from before You, Your eyes behold uprightness.* ³ *You examined my heart, You searched at night; You tested me — You found not; my thoughts do not transgress the words of my mouth.* ⁴ *So that [my] human deeds accord with the word of Your lips, I guarded myself from the paths of the lawless,* ⁵ *suporting my strides in Your pathways, my footsteps did not falter.*

Hamelech now explains why his soul is elated by the prospect of death *(Ibn Ezra)*. For, although my body will be deposited in the earth, my soul will not follow it in that direction, to sink down into the grave and the lower world. You will certainly lift up my soul to the place of Your glory *(Radak)*.

11. תּוֹדִיעֵנִי אֹרַח חַיִּים...נֶצַח — *You will make known to me the path of life...for eternity.* This path knows of no death or decay; it is a continuum that moves on from one life to another *(R. Hirsch)*.

תּוֹדִיעֵנִי — *You will make known to me.* According to Rashi this is neither a prayer nor a request. It is a prophetic statement about the future of the soul.

Ibn Ezra further explains that when the soul departs the body, God will reveal to it the path by which to ascend to the heavens to be with the celestial angels. This revelation can be made to the soul only after it rids itself of the mundane cares of this lower world and is free to see the truth — eye to eye and face to face.

However, Radak and Metzudas David do interpret this as a request and a prayer for the immediate future. According to them, תּוֹדִיעֵנִי, means תֵּן, endow me with the wisdom to know אֹרַח חַיִּים, *the proper course of life to follow*

פְּעָמָי. ו אֲנִי קְרָאתִיךָ כִי תַעֲנֵנִי, אֵל; הַט אָזְנְךָ לִי, שְׁמַע אִמְרָתִי.
ז הַפְלֵה חֲסָדֶיךָ, מוֹשִׁיעַ חוֹסִים, מִמִּתְקוֹמְמִים בִּימִינֶךָ. ח שָׁמְרֵנִי
כְּאִישׁוֹן בַּת עָיִן, בְּצֵל כְּנָפֶיךָ תַּסְתִּירֵנִי. ט מִפְּנֵי רְשָׁעִים זוּ שַׁדּוּנִי,
אֹיְבַי בְּנֶפֶשׁ יַקִּיפוּ עָלָי. י חֶלְבָּמוֹ סָּגְרוּ, פִּימוֹ דִּבְּרוּ בְגֵאוּת.
יא אַשֻּׁרֵנוּ עַתָּה סְבָבוּנוּ, עֵינֵיהֶם יָשִׁיתוּ לִנְטוֹת בָּאָרֶץ. יב דִּמְיֹנוֹ
כְּאַרְיֵה יִכְסוֹף לִטְרֹף, וְכִכְפִיר יֹשֵׁב בְּמִסְתָּרִים. יג קוּמָה יהוה,
קַדְּמָה פָנָיו הַכְרִיעֵהוּ, פַּלְּטָה נַפְשִׁי מֵרָשָׁע חַרְבֶּךָ. יד מִמְתִים
יָדְךָ | יהוה,* מִמְתִים מֵחֶלֶד,* חֶלְקָם בַּחַיִּים* וּצְפוּנְךָ תְּמַלֵּא
בִטְנָם; יִשְׂבְּעוּ בָנִים, וְהִנִּיחוּ יִתְרָם לְעוֹלְלֵיהֶם. טו אֲנִי בְּצֶדֶק אֶחֱזֶה
פָנֶיךָ,* אֶשְׂבְּעָה בְהָקִיץ תְּמוּנָתֶךָ.*

תהלים עב

א **לִשְׁלֹמֹה,** אֱלֹהִים מִשְׁפָּטֶיךָ לְמֶלֶךְ תֵּן, וְצִדְקָתְךָ לְבֶן מֶלֶךְ.
ב יָדִין עַמְּךָ בְצֶדֶק, וַעֲנִיֶּיךָ בְמִשְׁפָּט. ג יִשְׂאוּ הָרִים
שָׁלוֹם לָעָם, וּגְבָעוֹת בִּצְדָקָה. ד יִשְׁפֹּט עֲנִיֵּי עָם, יוֹשִׁיעַ לִבְנֵי
אֶבְיוֹן, וִידַכֵּא עוֹשֵׁק. ה יִירָאוּךָ עִם שָׁמֶשׁ, וְלִפְנֵי יָרֵחַ, דּוֹר
דּוֹרִים. ו יֵרֵד כְּמָטָר עַל גֵּז, כִּרְבִיבִים זַרְזִיף אָרֶץ. ז יִפְרַח בְּיָמָיו
צַדִּיק, וְרֹב שָׁלוֹם עַד בְּלִי יָרֵחַ. ח וְיֵרְדְּ מִיָּם עַד יָם, וּמִנָּהָר
עַד אַפְסֵי אָרֶץ. ט לְפָנָיו יִכְרְעוּ צִיִּים, וְאֹיְבָיו עָפָר יְלַחֵכוּ. י מַלְכֵי
תַרְשִׁישׁ וְאִיִּים מִנְחָה יָשִׁיבוּ, מַלְכֵי שְׁבָא וּסְבָא אֶשְׁכָּר יַקְרִיבוּ.
יא וְיִשְׁתַּחֲווּ לוֹ כָל מְלָכִים, כָּל גּוֹיִם יַעַבְדוּהוּ. יב כִּי יַצִּיל אֶבְיוֹן

---

through my lifetime, so that my soul will merit eternal bliss in the Hereafter.

Psalms 17

14. מְמִתִים יָדְךָ ה׳ — *To be among those who die by Your hand, Hashem.* David [facing death at this moment as a result of his sins] explains that he wishes to die not at the hands of the wicked, but by God's own hand *(Rashi, Radak, Ibn Ezra).*

מִמְתִים מֵחֶלֶד — *Who die of old age.* Rashi relates חֶלֶד to rust. Thus David asks to be one of those who dies of old age when he becomes "rusty." However, according to Radak and Ibn Ezra, David is mentioning the fashion in which he does *not* wish to die. He spurns the thought of resembling men whose lives were dedicated to the mundane material pleasures of חֶלֶד, *the transitory, temporal world.* We find this word used thus in Psalms 49:2: כָּל יֹשְׁבֵי חָלֶד, i.e., *all who dwell in the temporary world.*

חֶלְקָם בַּחַיִּים — *Whose portion is eternal life.* According to Rashi, this describes the righteous who will be rewarded with eternal existence and whom David yearns to join after death. But Radak and Ibn Ezra interpret this to mean the people who ask only for a portion in the "good life" of this world and have no interest in the Hereafter.

15. אֲנִי בְּצֶדֶק אֶחֱזֶה פָנֶיךָ — *And I — because of righteousness I shall behold Your face.* In the future *(Rashi).*

David said, I am not like the wicked who have no desire for the World to Come. My desire is to behold Your Presence there, accompanied by the righteousness which I have performed in this world *(Radak).*

Rav Dustoi ben Rav Yannai taught: Come and see how different the ways of God are from the ways of flesh and blood. If a man will bring a gift to a king, there is first a doubt whether the gift will ever be accepted. Even if it is accepted, it is still doubtful whether he will be granted a royal audience. With God it is not so. A man gives a gift of a mere penny to a pauper and he is assured of beholding the Divine Presence as it is written, *In* צֶדֶק,

PROCEDURE FOR ERECTING A MONUMENT

⁶ *I have called out to You, because You will answer me, O God; incline Your ear to me, hear my utterance.* ⁷ *Demonstrate clearly Your kindnesses, You Who saves with Your right hand those who seek refuge [in You] from those who arise [against them].* ⁸ *Guard me like the apple of the eye; shelter me in the shadow of Your wings,* ⁹ *from the wicked who have plundered me, my mortal enemies who surround me.* ¹⁰ *In their fat they enclose themselves; with their mouths they speak with arrogance.* ¹¹ *As we step forth they immediately surround us, they fix their gaze to spread over the land.* ¹² *His appearance is like a lion that yearns to tear asunder; and like a young lion lurking in hiding.* ¹³ *Rise up, Hashem, confront him and bring him to his knees; rescue my soul from the wicked one, who is Your sword.* ¹⁴ *O to be among those who die by Your hand, Hashem,* who die of old age* — whose portion is eternal life,* and whose belly You fill with Your concealed treasure; they are sated with sons and they bequeath their abundance to their babes.* ¹⁵ *And I — because of righteousness I shall behold Your face,* upon awakening I will be sated by Your image.**

Psalms 72

לִשְׁלֹמֹה ¹ *For Solomon, O God, give Your judgments to the king and Your righteousness to the king's son.* ² *May he judge Your nation with righteousness, and Your poor with justice.* ³ *May mountains bear peace to the nation, and hills — through righteousness.* ⁴ *May he judge the nation's poor, save the children of the destitute, and crush the oppressor.* ⁵ *So that they will fear You as long as the sun and moon endure, generation after generation.* ⁶ *May [his words] descend like rain upon cut vegetation, like showers, waterer of the earth.* ⁷ *May the righteous flourish in his days with abundant peace beyond the days of the moon.* ⁸ *May he dominate from sea to sea, and from river to the ends of the earth.* ⁹ *May nobles kneel before him, and may his foes lick the dust.* ¹⁰ *The kings of Tarshish and the isles shall return tribute, the kings of Sheba and Seba shall offer gifts.* ¹¹ *All the kings shall prostrate themselves before him; all the peoples shall serve him.* ¹² *For he will deliver the destitute one*

---

charity, I shall behold Your face. Upon awakening I will be sated by Your image.
Rabbi Elazar would first give a penny to a poor man and then he would pray as it says, *In charity I shall behold Your face.*

אֶשְׂבְּעָה בְהָקִיץ תְּמוּנָתֶךָ — *Upon awakening I will be sated by Your image.* When the dead will be revived and awakened from their death-slumber, then I wish to be made content by beholding Your image (*Rashi*).

The wicked are concerned with mundane self-contentment for themselves and their children as expressed in the previous verse, יִשְׂבְּעוּ בָנִים. However, I desire only spiritual satisfaction (*Radak*).

The vision of God's image is not beheld in a dream but, rather, when one is awake. It is not an image visible to the eye but is a clarity of intellectual comprehension which affords a true concept of God. These matters can be understood only by one who is versed in the wisdom of the soul (*Ibn Ezra*).

תְּמוּנָתֶךָ — *Your image.* Malbim explains that the word תְּמוּנָה never refers to an original object. It describes a mere copy which is designed along the lines of the original as in תְּמוּנַת כָּל סָמֶל, *the similarity of any figure* (*Deuteronomy* 4:16).

Thus, the soul of man who was made "in God's image" bears a similarity to the true intellect of God.

[In the future, when one will perceive one's soul which was hitherto concealed by one's body, this will afford one a glimpse of the essence of God Himself after which the soul is designed.]

Rav Nachman bar Yitzchak said: This verse describes the Torah scholars who, in this world, drive sleep away from their eyes in order to stay

מְשַׁוֵּעַ, וְעָנִי וְאֵין עֹזֵר לוֹ. יג יָחֹס עַל דַּל וְאֶבְיוֹן, וְנַפְשׁוֹת אֶבְיוֹנִים
יוֹשִׁיעַ. יד מִתּוֹךְ וּמֵחָמָס יִגְאַל נַפְשָׁם, וְיֵיקַר דָּמָם בְּעֵינָיו. טו וִיחִי,
וְיִתֶּן לוֹ מִזְּהַב שְׁבָא, וְיִתְפַּלֵּל בַּעֲדוֹ תָמִיד, כָּל הַיּוֹם יְבָרְכֶנְהוּ. טז יְהִי
פִסַּת בַּר בָּאָרֶץ בְּרֹאשׁ הָרִים, יִרְעַשׁ כַּלְּבָנוֹן פִּרְיוֹ, וְיָצִיצוּ מֵעִיר
כְּעֵשֶׂב הָאָרֶץ. יז יְהִי שְׁמוֹ לְעוֹלָם, לִפְנֵי שֶׁמֶשׁ יִנּוֹן שְׁמוֹ; וְיִתְבָּרְכוּ
בוֹ, כָּל גּוֹיִם יְאַשְּׁרֻהוּ. יח בָּרוּךְ יהוה אֱלֹהִים אֱלֹהֵי יִשְׂרָאֵל, עֹשֵׂה
נִפְלָאוֹת לְבַדּוֹ. יט וּבָרוּךְ שֵׁם כְּבוֹדוֹ לְעוֹלָם, וְיִמָּלֵא כְבוֹדוֹ אֶת כָּל
הָאָרֶץ, אָמֵן וְאָמֵן.* כ כָּלּוּ תְפִלּוֹת, דָּוִד בֶּן יִשָׁי.

תהלים צא

א **יֹשֵׁב** בְּסֵתֶר עֶלְיוֹן, בְּצֵל שַׁדַּי יִתְלוֹנָן. ב אֹמַר לַיהוה: מַחְסִי
וּמְצוּדָתִי, אֱלֹהַי אֶבְטַח בּוֹ. ג כִּי הוּא יַצִּילְךָ מִפַּח יָקוּשׁ,
מִדֶּבֶר הַוּוֹת. ד בְּאֶבְרָתוֹ יָסֶךְ לָךְ, וְתַחַת כְּנָפָיו תֶּחְסֶה; צִנָּה וְסֹחֵרָה
אֲמִתּוֹ. ה לֹא תִירָא מִפַּחַד לָיְלָה,* מֵחֵץ יָעוּף יוֹמָם. ו מִדֶּבֶר בָּאֹפֶל
יַהֲלֹךְ, מִקֶּטֶב יָשׁוּד צָהֳרָיִם. ז יִפֹּל מִצִּדְּךָ אֶלֶף, וּרְבָבָה מִימִינֶךָ,
אֵלֶיךָ לֹא יִגָּשׁ. ח רַק בְּעֵינֶיךָ תַבִּיט, וְשִׁלֻּמַת רְשָׁעִים תִּרְאֶה. ט כִּי
אַתָּה יהוה מַחְסִי, עֶלְיוֹן שַׂמְתָּ מְעוֹנֶךָ.* י לֹא תְאֻנֶּה אֵלֶיךָ רָעָה,
וְנֶגַע לֹא יִקְרַב בְּאָהֳלֶךָ. יא כִּי מַלְאָכָיו יְצַוֶּה לָּךְ, לִשְׁמָרְךָ בְּכָל
דְּרָכֶיךָ.* יב עַל כַּפַּיִם יִשָּׂאוּנְךָ, פֶּן תִּגֹּף בָּאֶבֶן רַגְלֶךָ. יג עַל שַׁחַל
וָפֶתֶן תִּדְרֹךְ, תִּרְמֹס כְּפִיר וְתַנִּין. יד כִּי בִי חָשַׁק וַאֲפַלְּטֵהוּ, אֲשַׂגְּבֵהוּ
כִּי יָדַע שְׁמִי. טו יִקְרָאֵנִי וְאֶעֱנֵהוּ, עִמּוֹ אָנֹכִי בְצָרָה; אֲחַלְּצֵהוּ
וַאֲכַבְּדֵהוּ. טז אֹרֶךְ יָמִים אַשְׂבִּיעֵהוּ, וְאַרְאֵהוּ בִּישׁוּעָתִי.*

תהלים קד

א **בָּרְכִי** נַפְשִׁי אֶת יהוה; יהוה אֱלֹהַי גָּדַלְתָּ מְּאֹד, הוֹד וְהָדָר
לָבָשְׁתָּ. ב עֹטֶה אוֹר כַּשַּׂלְמָה, נוֹטֶה שָׁמַיִם כַּיְרִיעָה.
ג הַמְקָרֶה בַמַּיִם עֲלִיּוֹתָיו; הַשָּׂם עָבִים רְכוּבוֹ, הַמְהַלֵּךְ עַל כַּנְפֵי
רוּחַ. ד עֹשֶׂה מַלְאָכָיו רוּחוֹת, מְשָׁרְתָיו אֵשׁ לֹהֵט. ה יָסַד אֶרֶץ

---

awake and study. For this they will merit that God will satisfy their eyes with the splendid "image" of the Holy Presence in the Hereafter (*Bava Basra* 10a).

***Psalms* 72**

19. וְיִמָּלֵא כְבוֹדוֹ אֶת כָּל הָאָרֶץ אָמֵן וְאָמֵן — *And may all the earth be filled with His glory. Amen and Amen.* Everything which fills the earth will be correctly perceived as a manifestation of God's Presence on earth. This is the *Amen and Amen*, the "truth of truths" to which Israel has tenaciously clung through the ages, and which it constantly reaffirms with every recitation of the *Kaddish* prayer (*R. Hirsch*).

***Psalms* 91**

5. לֹא תִירָא מִפַּחַד לָיְלָה — *You shall not fear the terror of night.* If you put your faith in God, fear will be banished from your heart *(Rashi)*.

9. עֶלְיוֹן שַׂמְתָּ מְעוֹנֶךָ — *You have made the Most High your dwelling place.* [Although the body of the man of faith is on earth, his true abode is in heaven because that is where his heart, soul, and who cries out, and the poor one with none to help him. ¹³ He will pity the impoverished and destitute, and the souls of destitute ones he will save. ¹⁴ From fraud and from violence he will redeem their soul, and their blood will be precious in his eyes. ¹⁵ And he will live, and he will give him of the gold of Sheba; and he will pray for him continually and bless him every day. ¹⁶ May an abundance of grain be in the land on the mountaintops — its fruit will rustle like the [cedars of] Lebanon; may [people] blossom forth from the city like the grass of the earth. ¹⁷ May his name endure forever, may his name be perpetuated as long as the sun; and all peoples will bless themselves by him — they will praise him. ¹⁸ Blessed is Hashem, God, the God of Israel, Who alone does wondrous things, ¹⁹ Blessed is His glorious Name forever; and may all the earth be filled with His glory. Amen and Amen.* ²⁰ The prayers of David, the son of Jesse, are ended.

Psalms 91

יֹשֵׁב ¹ Whoever sits in the refuge of the Most High — he shall dwell in the shadow of the Almighty. ² I will say of Hashem, "He is my refuge and my fortress, my God, I will trust in Him." ³ For He will deliver you from the ensnaring trap, from devastating pestilence. ⁴ With His pinion He will cover you, and beneath His wings you will be protected; shield and armor is His truth. ⁵ You shall not fear the terror of night;* nor of the arrow that flies by day; ⁶ nor the pestilence that walks in gloom; nor the destroyer who lays waste at noon. ⁷ Let a thousand encamp at your side and a myriad at your right hand, but to you it shall not approach. ⁸ You will merely peer with your eyes and you will see the retribution of the wicked. ⁹ Because [you said], "You, Hashem, are my refuge," you have made the Most High your dwelling place.* ¹⁰ No evil will befall you, nor will any plague come near your tent. ¹¹ He will charge His angels for you, to protect you in all your ways.* ¹² On palms they will carry you, lest you strike your foot against a stone. ¹³ Upon the lion and the viper you will tread; you will trample the young lion and the serpent. ¹⁴ For he has yearned for Me and I will deliver him; I will elevate him because he knows My Name. ¹⁵ He will call upon Me and I will answer him, I am with him in distress; I will release him and I will bring him honor. ¹⁶ With long life will I satisfy him, and I will show him My salvation.*

Psalms 104

בָּרְכִי ¹ Bless Hashem, O my soul. Hashem, my God, You are very great; You have donned majesty and splendor; ² covering with light as with a garment, stretching out the heavens like a curtain. ³ He Who roofs His upper chambers with water; He Who makes clouds His chariot; He Who walks on winged wind. ⁴ He makes the winds His messengers, the flaming fire His attendants. ⁵ He established the earth

---

mind are concentrated. Thus, no harm can befall him because the essence of his being is high above the grasp of earthlings.]

11. לִשְׁמָרְךָ בְּכָל דְּרָכֶיךָ — *To protect you in all your ways.* The Talmud (*Chagigah* 16a) teaches that these angels are not merely guardians, but witnesses as well. They observe every action of the person and they are destined to testify for or against the person under their protection when he or she comes before the Heavenly Tribunal after death.

16. וְאַרְאֵהוּ בִּישׁוּעָתִי — *And I will show him My*

עַל מְכוֹנֶיהָ, בַּל תִּמּוֹט עוֹלָם וָעֶד. ו תְּהוֹם כַּלְּבוּשׁ כִּסִּיתוֹ, עַל הָרִים
יַעַמְדוּ מָיִם. ז מִן גַּעֲרָתְךָ יְנוּסוּן, מִן קוֹל רַעַמְךָ יֵחָפֵזוּן. ח יַעֲלוּ
הָרִים, יֵרְדוּ בְקָעוֹת, אֶל מְקוֹם זֶה יָסַדְתָּ לָהֶם. ט גְּבוּל שַׂמְתָּ בַּל
יַעֲבֹרוּן, בַּל יְשׁוּבוּן לְכַסּוֹת הָאָרֶץ. י הַמְשַׁלֵּחַ מַעְיָנִים בַּנְּחָלִים, בֵּין
הָרִים יְהַלֵּכוּן. יא יַשְׁקוּ כָּל חַיְתוֹ שָׂדָי, יִשְׁבְּרוּ פְרָאִים צְמָאָם.
יב עֲלֵיהֶם עוֹף הַשָּׁמַיִם יִשְׁכּוֹן, מִבֵּין עֳפָאיִם יִתְּנוּ קוֹל. יג מַשְׁקֶה
הָרִים מֵעֲלִיּוֹתָיו, מִפְּרִי מַעֲשֶׂיךָ תִּשְׂבַּע הָאָרֶץ. יד מַצְמִיחַ חָצִיר
לַבְּהֵמָה, וְעֵשֶׂב לַעֲבֹדַת הָאָדָם; לְהוֹצִיא לֶחֶם מִן הָאָרֶץ. טו וְיַיִן
יְשַׂמַּח לְבַב אֱנוֹשׁ, לְהַצְהִיל פָּנִים מִשָּׁמֶן, וְלֶחֶם לְבַב אֱנוֹשׁ יִסְעָד.
טז יִשְׂבְּעוּ עֲצֵי יהוה, אַרְזֵי לְבָנוֹן אֲשֶׁר נָטָע. יז אֲשֶׁר שָׁם צִפֳּרִים
יְקַנֵּנוּ, חֲסִידָה בְּרוֹשִׁים בֵּיתָהּ. יח הָרִים הַגְּבֹהִים לַיְּעֵלִים, סְלָעִים
מַחְסֶה לַשְׁפַנִּים. יט עָשָׂה יָרֵחַ לְמוֹעֲדִים, שֶׁמֶשׁ יָדַע מְבוֹאוֹ. כ תָּשֶׁת
חֹשֶׁךְ וִיהִי לָיְלָה, בּוֹ תִרְמֹשׂ כָּל חַיְתוֹ יָעַר. כא הַכְּפִירִים שֹׁאֲגִים
לַטָּרֶף, וּלְבַקֵּשׁ מֵאֵל אָכְלָם. כב תִּזְרַח הַשֶּׁמֶשׁ יֵאָסֵפוּן, וְאֶל
מְעוֹנֹתָם יִרְבָּצוּן. כג יֵצֵא אָדָם לְפָעֳלוֹ, וְלַעֲבֹדָתוֹ עֲדֵי עָרֶב.* כד מָה
רַבּוּ מַעֲשֶׂיךָ | יהוה, כֻּלָּם בְּחָכְמָה עָשִׂיתָ, מָלְאָה הָאָרֶץ קִנְיָנֶךָ.
כה זֶה הַיָּם, גָּדוֹל וּרְחַב יָדָיִם; שָׁם רֶמֶשׂ וְאֵין מִסְפָּר, חַיּוֹת קְטַנּוֹת
עִם גְּדֹלוֹת. כו שָׁם אֳנִיּוֹת יְהַלֵּכוּן, לִוְיָתָן זֶה יָצַרְתָּ לְשַׂחֶק בּוֹ. כז כֻּלָּם
אֵלֶיךָ יְשַׂבֵּרוּן, לָתֵת אָכְלָם בְּעִתּוֹ. כח תִּתֵּן לָהֶם, יִלְקֹטוּן; תִּפְתַּח
יָדְךָ, יִשְׂבְּעוּן טוֹב. כט תַּסְתִּיר פָּנֶיךָ יִבָּהֵלוּן; תֹּסֵף רוּחָם יִגְוָעוּן,*
וְאֶל עֲפָרָם יְשׁוּבוּן. ל תְּשַׁלַּח רוּחֲךָ יִבָּרֵאוּן,* וּתְחַדֵּשׁ פְּנֵי אֲדָמָה.*
לא יְהִי כְבוֹד יהוה לְעוֹלָם, יִשְׂמַח יהוה בְּמַעֲשָׂיו. לב הַמַּבִּיט
לָאָרֶץ וַתִּרְעָד, יִגַּע בֶּהָרִים וְיֶעֱשָׁנוּ. לג אָשִׁירָה לַיהוה בְּחַיָּי,

---

salvation. He will witness the salvation I will bring about at the advent of the Messiah, at the time of the revival of the dead, and at the salvation of the World to Come *(Radak).*

Indeed, it is not God who needs salvation, but Israel; yet God calls Israel's victory, *My salvation,* to emphasize that Israel's salvation is as if it were His as well *(Midrash Shocher Tov).*

Psalms 104

23. וְלַעֲבֹדָתוֹ עֲדֵי עָרֶב — *And to his labor until evening.* Midrash Shocher Tov interprets this allegorically: when the World to Come arrives, man (i.e., the Jewish people who serve God) *will go forth* to receive the reward of *his work.* However, only the man who did not give up, but persevered in the service of God, will be rewarded, for man must *labor until evening* (i.e., until the moment of death).

29. תֹּסֵף רוּחָם יִגְוָעוּן — *When You retrieve their spirit, they perish.* According to this translation, תֹּסֵף is cognate with אָסַף, *gather in,* and סָף, *come to an end (Rashi, Ibn Ezra, Radak).*

Zohar *(Parashas Vayechi)* relates תֹּסֵף to תּוֹסִיף, *add* or *increase.* When a person is on the verge of death, his soul receives an additional wave of spiritual energy such as he never experienced before throughout his lifetime. At that climactic moment, his spiritual perception is enhanced dramatically and he can perceive and comprehend mysteries of which he was previously unaware. God said, *You cannot see My face, for no man shall see Me and live (Exodus 33:20).* This means that although no man can see God in his lifetime, man *can* "glimpse" God immediately upon its foundations, that it falter not forever and ever. ⁶ *The watery deep, as with a garment You covered it; upon the mountains, water would stand.* ⁷ *From Your rebuke they flee, from the sound of Your thunder they rush away.* ⁸ *They ascend mountains, they descend to valleys, to the special place You founded for them.* ⁹ *You set a boundary they cannot overstep, they cannot return to cover the earth.* ¹⁰ *He sends the springs into the streams, they flow between the mountains.* ¹¹ *They water every beast of the field, they quench the wild creatures' thirst.* ¹² *Near them dwell the heaven's birds, from among the branches they give forth song.* ¹³ *He waters the mountains from His upper chambers, from the fruit of Your works the earth is sated.* ¹⁴ *He causes vegetation to sprout for the cattle, and plants through man's labor, to bring forth bread from the earth;* ¹⁵ *and wine that gladdens man's heart, to make the face glow from oil, and bread that sustains the heart of man.* ¹⁶ *The trees of Hashem are sated, the cedars of Lebanon that He has planted;* ¹⁷ *there where the birds nest, the chassidah with its home among cypresses;* ¹⁸ *high mountains for the wild goats, rocks as refuge for the gophers.* ¹⁹ *He made the moon for festivals, the sun knows its destination.* ²⁰ *You make darkness and it is night, in which every forest beast stirs.* ²¹ *The young lions roar after their prey, and to seek their food from God.* ²² *The sun rises and they are gathered in, and in their dens they crouch.* ²³ *Man goes forth to his work, and to his labor until evening.** ²⁴ *How abundant are Your works, Hashem; with wisdom You made them all, the earth is full of Your possessions.* ²⁵ *Behold this sea — great and of broad measure; there are creeping things without number, small creatures and great ones.* ²⁶ *There ships travel, this Leviathan You fashioned to sport within.* ²⁷ *All of them look to You with hope, to provide their food in its proper time.* ²⁸ *You give to them, they gather it in; You open Your hand, they are sated with good.* ²⁹ *When You hide Your face, they are dismayed; when You retrieve their spirit, they perish* and to their dust they return.* ³⁰ *When You send forth Your breath, they are created,* and You renew the surface of the earth.** ³¹ *May the glory of Hashem endure forever, let Hashem rejoice in His works.* ³² *He looks toward the earth and it trembles, He touches the mountains and they smoke.* ³³ *I will sing to Hashem while I live,*

---

prior to death.

30. תְּשַׁלַּח רוּחֲךָ יִבָּרֵאוּן — *When You send forth Your breath, they are created.* At the moment of a person's death, God snatches the breath of life from him or her, but He will return it at the time of תְּחִיַּת הַמֵּתִים, *the resuscitation of the dead.* When the dead bodies are recreated, their souls will be restored (*Radak*).

R. Azariah says: All souls are in the hands of God, as it says, *In His hand is the soul of every living thing, and the breath of all mankind* (*Job* 12:10). God has in His hand the key to the graves and the key to the repository of souls. In the future, God will open both the graves and the repository of souls; then He will return each soul to its respective body (*Pirkei de-Rabi Eliezer* 34).

וּתְחַדֵּשׁ פְּנֵי אֲדָמָה — *And You renew the surface of the earth.* Radak refutes the mistaken view that God will not resurrect the old bodies, but will create new bodies in which to deposit these souls. The Sages teach that the *original* bodies will be renewed and brought back to life. [These bodies will appear exactly as they did before death, with all of their wounds and bruises, but God will immediately cure them (*Sanhedrin* 91a).] Therefore, the Psalmist says, *You renew the surface of the earth,* i.e., You bring the old, decayed bodies from the grave to the surface of the earth, and there will You renew them.

אֲזַמְּרָה לֵאלֹהַי בְּעוֹדִי. לד יֶעֱרַב עָלָיו שִׂיחִי, אָנֹכִי אֶשְׂמַח בַּיהוה.
לה יִתַּמּוּ חַטָּאִים מִן הָאָרֶץ, וּרְשָׁעִים עוֹד אֵינָם, בָּרְכִי נַפְשִׁי אֶת
יהוה, הַלְלוּיָהּ.

תהלים קל

א **שִׁיר** הַמַּעֲלוֹת, מִמַּעֲמַקִּים קְרָאתִיךָ יהוה. ב אֲדֹנָי שִׁמְעָה
בְקוֹלִי, תִּהְיֶינָה אָזְנֶיךָ קַשֻּׁבוֹת לְקוֹל תַּחֲנוּנָי. ג אִם עֲוֹנוֹת
תִּשְׁמָר יָהּ, אֲדֹנָי מִי יַעֲמֹד. ד כִּי עִמְּךָ הַסְּלִיחָה, לְמַעַן תִּוָּרֵא.
ה קִוִּיתִי יהוה קִוְּתָה נַפְשִׁי,* וְלִדְבָרוֹ הוֹחָלְתִּי. ו נַפְשִׁי לַאדֹנָי;
מִשֹּׁמְרִים לַבֹּקֶר, שֹׁמְרִים לַבֹּקֶר. ז יַחֵל יִשְׂרָאֵל אֶל יהוה; כִּי עִם
יהוה הַחֶסֶד, וְהַרְבֵּה עִמּוֹ פְדוּת. ח וְהוּא יִפְדֶּה אֶת יִשְׂרָאֵל, מִכֹּל
עֲוֹנוֹתָיו.

תהלים קיט

This psalm, known as תְּמַנְיָא אַפִּין, *eight facets,* is an alphabetical arrangement describing the ceaseless striving to faithfully live a true life of Torah, regardless of time, place, circumstances, or social environment. The psalm consists of twenty-two sets of verses, each set containing eight verses beginning with the same letter. It is customary to spell the name of the deceased by reciting the sets of verses corresponding to the letters of his or her name and that of his or her father.

א א אַשְׁרֵי תְמִימֵי דָרֶךְ, הַהֹלְכִים בְּתוֹרַת יהוה. ב אַשְׁרֵי נֹצְרֵי
עֵדֹתָיו, בְּכָל לֵב יִדְרְשׁוּהוּ. ג אַף לֹא פָעֲלוּ עַוְלָה, בִּדְרָכָיו
הָלָכוּ. ד אַתָּה צִוִּיתָה פִקֻּדֶיךָ, לִשְׁמֹר מְאֹד. ה אַחֲלַי, יִכֹּנוּ דְרָכָי
לִשְׁמֹר חֻקֶּיךָ. ו אָז לֹא אֵבוֹשׁ, בְּהַבִּיטִי אֶל כָּל מִצְוֹתֶיךָ. ז אוֹדְךָ
בְּיֹשֶׁר לֵבָב, בְּלָמְדִי מִשְׁפְּטֵי צִדְקֶךָ. ח אֶת חֻקֶּיךָ אֶשְׁמֹר, אַל
תַּעַזְבֵנִי עַד מְאֹד.

ב ט בַּמֶּה יְזַכֶּה נַּעַר אֶת אָרְחוֹ, לִשְׁמֹר כִּדְבָרֶךָ. י בְּכָל לִבִּי
דְרַשְׁתִּיךָ,* אַל תַּשְׁגֵּנִי מִמִּצְוֹתֶיךָ. יא בְּלִבִּי צָפַנְתִּי אִמְרָתֶךָ,
לְמַעַן לֹא אֶחֱטָא לָךְ. יב בָּרוּךְ אַתָּה יהוה, לַמְּדֵנִי חֻקֶּיךָ. יג בִּשְׂפָתַי
סִפַּרְתִּי, כֹּל מִשְׁפְּטֵי פִיךָ. יד בְּדֶרֶךְ עֵדְוֹתֶיךָ שַׂשְׂתִּי, כְּעַל כָּל הוֹן.
טו בְּפִקּוּדֶיךָ אָשִׂיחָה, וְאַבִּיטָה אֹרְחֹתֶיךָ. טז בְּחֻקֹּתֶיךָ אֶשְׁתַּעֲשָׁע,
לֹא אֶשְׁכַּח דְּבָרֶךָ.

ג יז גְּמֹל עַל עַבְדְּךָ, אֶחְיֶה וְאֶשְׁמְרָה דְבָרֶךָ. יח גַּל עֵינַי וְאַבִּיטָה,

---

***Psalms* 130**

5. קִוִּיתִי ה׳ קִוְּתָה נַפְשִׁי — *I put confidence in Hashem, my soul put confidence.* My body put confidence in God for physical security in This World, and *my soul put confidence* in Him to merit the glory and spiritual bliss of the World to Come *(Radak, Ibn Yachya).*

***Psalms* 119**

1. Ibn Yachya explains that man relates to the physical world through his five senses, while he perceives the spiritual world through his Divine spark, which consists of three parts: נֶפֶשׁ, *spirit;* רוּחַ, *breath;* and נְשָׁמָה, *soul.* Thus, there are eight avenues through which man perceives, relates to,

31 / PROCEDURE FOR ERECTING A MONUMENT

I will sing praises to my God while I endure. ³⁴ *May my words be sweet to Him — I will rejoice in Hashem.* ³⁵ *Sinners will cease from the earth, and the wicked will be no more — Bless Hashem, O my soul. Halleluyah!*

Psalms 130

שִׁיר ¹ *A song of ascents. From the depths I called you, Hashem.* ² *My Lord, hear my voice, may Your ears be attentive to the sound of my pleas.* ³ *If you preserve iniquities, O God, my Lord, who could survive?* ⁴ *For with You is forgiveness, that you may be feared.* ⁵ *I put confidence in Hashem, my soul put confidence,* and I hoped for His word.* ⁶ *I yearn for my Lord, among those longing for the dawn, those longing for the dawn.* ⁷ *Let Israel hope for Hashem, for with Hashem is kindness, and with Him is abundant redemption.* ⁸ *And He shall redeem Israel from all its iniquities.*

Psalms 119

This psalm, known as *eight facets,* is an alphabetical arrangement describing the ceaseless striving to faithfully live a true life of Torah, regardless of time, place, circumstances, or social environment. The psalm consists of twenty-two sets of verses, each set containing eight verses beginning with the same letter. It is customary to spell the name of the deceased by reciting the sets of verses corresponding to the letters of his or her name and that of his or her father.

א ¹ *Praiseworthy are those whose way is perfect, who walk with the Torah of Hashem.* ² *Praiseworthy are those who guard His testimonies, they seek Him whole-heartedly.* ³ *They have also done no iniquity, for they have walked in His ways.* ⁴ *You have issued Your precepts to be kept diligently.* ⁵ *These are my prayers: may my ways be firmly guided to keep Your statutes.* ⁶ *Then I will not be ashamed, when I gaze at all Your commandments.* ⁷ *I will give thanks to You with upright heart, when I study Your righteous ordinances.* ⁸ *I will keep Your statutes, O, do not forsake me utterly.*

ב ⁹ *How can a youngster purify his path? By observing Your word.* ¹⁰ *With all my heart I sought You,* do not let me stray from Your commandments.* ¹¹ *In my heart I have stored Your word, so that I would not sin against You.* ¹² *Blessed are You, Hashem, teach me Your statutes.* ¹³ *With my lips I recounted all the ordinances of Your mouth.* ¹⁴ *I rejoiced over the way of Your ennobling testimonies as much as in all riches.* ¹⁵ *Of Your precepts I speak and I look at Your paths.* ¹⁶ *I occupy myself with Your statutes, I will not forget Your word.*

ג ¹⁷ *Bestow upon Your servant that I should live, that I may keep Your word.* ¹⁸ *Unveil my eyes that I may perceive wonders*

---

and masters his physical and spiritual worlds [see *Nefesh ha-Chaim* #1]. David dedicated all eight to his pursuit of perfection.

10. בְּכָל לִבִּי דְרַשְׁתִּיךָ — *With all my heart I sought You.* I focused all my attention on the study of Your Torah, and I concentrated all my intellectual powers upon it. I did not study Torah for ulterior motives, to gain fame as a scholar and to enhance my reputation. Rather, my sole purpose was to seek You out to know You more intimately (*Radak*).

Midrash Shocher Tov states that the heart of the righteous earns him admission into the Garden of Eden, while the heart of the wicked drags him down to the abyss of Hell. Thus, Isaiah 65:13,14 declares: *Therefore, says my Lord, Hashem: Behold, My servants shall sing for joy of heart, but you shall cry for sorrow of heart, and you shall howl from a shattered spirit.*

[The heart brims with happiness only when it is filled with yearning to seek out God.]

נִפְלָאוֹת מִתּוֹרָתֶךָ. יט גֵּר אָנֹכִי בָאָרֶץ,* אַל תַּסְתֵּר מִמֶּנִּי מִצְוֹתֶיךָ.
כ גָּרְסָה נַפְשִׁי לְתַאֲבָה, אֶל מִשְׁפָּטֶיךָ בְכָל עֵת. כא גָּעַרְתָּ זֵדִים
אֲרוּרִים, הַשֹּׁגִים מִמִּצְוֹתֶיךָ. כב גַּל מֵעָלַי חֶרְפָּה וָבוּז, כִּי עֵדֹתֶיךָ
נָצָרְתִּי. כג גַּם יָשְׁבוּ שָׂרִים בִּי נִדְבָּרוּ, עַבְדְּךָ יָשִׂיחַ בְּחֻקֶּיךָ. כד גַּם
עֵדֹתֶיךָ שַׁעֲשֻׁעָי, אַנְשֵׁי עֲצָתִי.

ד כה דָּבְקָה לֶעָפָר נַפְשִׁי, חַיֵּנִי כִּדְבָרֶךָ. כו דְּרָכַי סִפַּרְתִּי וַתַּעֲנֵנִי,
לַמְּדֵנִי חֻקֶּיךָ. כז דֶּרֶךְ פִּקּוּדֶיךָ הֲבִינֵנִי, וְאָשִׂיחָה בְּנִפְלְאוֹתֶיךָ.
כח דָּלְפָה נַפְשִׁי מִתּוּגָה, קַיְּמֵנִי כִּדְבָרֶךָ. כט דֶּרֶךְ שֶׁקֶר הָסֵר מִמֶּנִּי,
וְתוֹרָתְךָ חָנֵּנִי. ל דֶּרֶךְ אֱמוּנָה בָחָרְתִּי, מִשְׁפָּטֶיךָ שִׁוִּיתִי. לא דָּבַקְתִּי
בְעֵדְוֹתֶיךָ, יהוה אַל תְּבִישֵׁנִי. לב דֶּרֶךְ מִצְוֹתֶיךָ אָרוּץ, כִּי תַרְחִיב
לִבִּי.

ה לג הוֹרֵנִי יהוה דֶּרֶךְ חֻקֶּיךָ, וְאֶצְּרֶנָּה עֵקֶב. לד הֲבִינֵנִי וְאֶצְּרָה
תוֹרָתֶךָ, וְאֶשְׁמְרֶנָּה בְכָל לֵב. לה הַדְרִיכֵנִי בִּנְתִיב מִצְוֹתֶיךָ, כִּי
בוֹ חָפָצְתִּי. לו הַט לִבִּי אֶל עֵדְוֹתֶיךָ, וְאַל אֶל בָּצַע. לז הַעֲבֵר עֵינַי
מֵרְאוֹת שָׁוְא, בִּדְרָכֶךָ חַיֵּנִי. לח הָקֵם לְעַבְדְּךָ אִמְרָתֶךָ, אֲשֶׁר
לְיִרְאָתֶךָ. לט הַעֲבֵר חֶרְפָּתִי אֲשֶׁר יָגֹרְתִּי, כִּי מִשְׁפָּטֶיךָ טוֹבִים.
מ הִנֵּה תָּאַבְתִּי לְפִקֻּדֶיךָ, בְּצִדְקָתְךָ חַיֵּנִי.

ו מא וִיבֹאֻנִי חֲסָדֶךָ יהוה, תְּשׁוּעָתְךָ כְּאִמְרָתֶךָ. מב וְאֶעֱנֶה חֹרְפִי
דָבָר, כִּי בָטַחְתִּי בִּדְבָרֶךָ. מג וְאַל תַּצֵּל מִפִּי דְבַר אֱמֶת עַד מְאֹד,
כִּי לְמִשְׁפָּטֶךָ יִחָלְתִּי. מד וְאֶשְׁמְרָה תוֹרָתְךָ תָמִיד לְעוֹלָם וָעֶד.*
מה וְאֶתְהַלְּכָה בָרְחָבָה, כִּי פִקֻּדֶיךָ דָרָשְׁתִּי. מו וַאֲדַבְּרָה בְעֵדֹתֶיךָ
נֶגֶד מְלָכִים, וְלֹא אֵבוֹשׁ. מז וְאֶשְׁתַּעֲשַׁע בְּמִצְוֹתֶיךָ אֲשֶׁר אָהָבְתִּי.
מח וְאֶשָּׂא כַפַּי אֶל מִצְוֹתֶיךָ אֲשֶׁר אָהָבְתִּי, וְאָשִׂיחָה בְחֻקֶּיךָ.

ז מט זְכָר דָּבָר לְעַבְדֶּךָ, עַל אֲשֶׁר יִחַלְתָּנִי. נ זֹאת נֶחָמָתִי בְעָנְיִי,
כִּי אִמְרָתְךָ חִיָּתְנִי. נא זֵדִים הֱלִיצֻנִי עַד מְאֹד, מִתּוֹרָתְךָ

---

19. גֵּר אָנֹכִי בָאָרֶץ — *I am a sojourner in the world.* In a physical sense, I am only a temporary sojourner on earth and not a permanent resident. Since my days are numbered, I have too little time to study the Torah. Please, *hide not Your commandments from me (Rashi, Radak).*

Moreover, I resemble a confused stranger lost along unfamiliar roads and paths, and I desperately need your guidance, dear God. Do not conceal it from me! *(Ibn Ezra).*

In an intellectual sense, David states that he has totally submerged his thoughts in the Torah to the exclusion of all worldly thoughts and material interests. Although his body appears to be firmly entrenched on earth, actually his spirit and intellect dwell on high, in a spiritual world. Thus, David felt intellectually estranged from this earth *(Alshich).*

R. Bachya comments that a person normally finds security in his relationships with relatives and friends. David, however, felt that his fate was entirely in the hands of God; he found no from Your Torah. ¹⁹ I am a sojourner in the world,* hide not Your commandments from me. ²⁰ My soul is shattered with yearning for Your ordinances always. ²¹ You rebuked the accursed willful sinners who stray from Your commandments. ²² Remove from upon me scorn and contempt, for I have guarded Your testimonies. ²³ Though princes sat and spoke against me, Your servant discusses Your statutes. ²⁴ Indeed, Your testimonies are my preoccupation, they are my counselors.

ד ²⁵ My soul has clung to the dust, revive me in accordance with Your word. ²⁶ I have recounted my ways and You answered me, teach me Your statutes. ²⁷ Let me understand the way of Your precepts, that I may discuss Your wonders. ²⁸ My soul drips away from sorrow, sustain me in accordance with Your word. ²⁹ Remove from me the way of falsehood, and graciously endow me with Your Torah. ³⁰ I have chosen the way of unshakeable truth, I have placed Your ordinances [before me]. ³¹ I have clung to Your ennobling testimonies, Hashem, put me not to shame. ³² I will run on the way of Your commandments, for You will broaden my understanding.

ה ³³ Teach me, Hashem, the way of Your statutes, and I will cherish it to the utmost. ³⁴ Grant me understanding so that I may cherish Your Torah, and keep it with all my heart. ³⁵ Lead me on the path of Your commandments, for that is my desire. ³⁶ Incline my heart toward Your ennobling testimonies and not to greed. ³⁷ Avert my eyes from seeing futility, through Your ways preserve me. ³⁸ Fulfill Your word to Your servant for the purpose of fearing You. ³⁹ Remove my disgrace, which I feared, for Your judgments are good. ⁴⁰ Behold, I yearn for Your precepts, through Your righteousness preserve me.

ו ⁴¹ May Your kindness come to me, Hashem, Your salvation, as You promised. ⁴² I shall offer a response to those who scorn me, for I have trusted in Your word. ⁴³ Do not remove from my mouth the word of utmost truth, because I have yearned for Your ordinances. ⁴⁴ I will safeguard Your Torah constantly, forever and ever.* ⁴⁵ And I will walk in broad pathways, for I have sought Your precepts. ⁴⁶ I will speak of Your testimonies before kings and I will not be ashamed. ⁴⁷ I will be preoccupied with Your commandments which I love. ⁴⁸ I will lift my hands to Your commandments, which I love, and I will discuss Your statutes.

ז ⁴⁹ Remember the assurance to Your servant, by which You gave me hope. ⁵⁰ This is my comfort in my affliction, for Your promise preserved me. ⁵¹ Willful sinners taunted me exceedingly, but I did not

---

security in his powerful or influential relatives.

44. וְאֶשְׁמְרָה תוֹרָתְךָ תָמִיד לְעוֹלָם וָעֶד — *I will safeguard Your Torah constantly, forever and ever.* I will study Torah constantly throughout my lifetime, as God commanded (Joshua 1:8): *And you shall meditate upon it by day and by night* (R. Matisyahu ha-Yitzhari). In this way I can rest assured that my Torah knowledge will not be forgotten in the Hereafter, where it will safeguard me *forever and ever*. The more Torah knowledge one acquires in life, the better equipped one's soul will be to enjoy the spiritual bliss of the World to Come. As Solomon said (Proverbs 6:22): *When you lie down* [at death] *it will safeguard you* (Sforno).

The Talmud (Bava Basra 10a) lauds the person who prepares himself for the Hereafter by safeguarding his Torah studies in this world:

לֹא נָטִיתִי. נב זָכַרְתִּי מִשְׁפָּטֶיךָ מֵעוֹלָם | יהוה, וָאֶתְנֶחָם. נג זַלְעָפָה
אֲחָזַתְנִי מֵרְשָׁעִים, עֹזְבֵי תּוֹרָתֶךָ. נד זְמִרוֹת הָיוּ לִי חֻקֶּיךָ, בְּבֵית
מְגוּרָי. נה זָכַרְתִּי בַלַּיְלָה שִׁמְךָ יהוה, וָאֶשְׁמְרָה תּוֹרָתֶךָ. נו זֹאת
הָיְתָה לִּי, כִּי פִקֻּדֶיךָ נָצָרְתִּי.

ח נז חֶלְקִי יהוה,* אָמַרְתִּי לִשְׁמֹר דְּבָרֶיךָ. נח חִלִּיתִי פָנֶיךָ בְכָל
לֵב, חָנֵּנִי כְּאִמְרָתֶךָ. נט חִשַּׁבְתִּי דְרָכָי, וָאָשִׁיבָה רַגְלַי אֶל
עֵדֹתֶיךָ. ס חַשְׁתִּי וְלֹא הִתְמַהְמָהְתִּי, לִשְׁמֹר מִצְוֹתֶיךָ. סא חֶבְלֵי
רְשָׁעִים עִוְּדֻנִי, תּוֹרָתְךָ לֹא שָׁכָחְתִּי. סב חֲצוֹת לַיְלָה אָקוּם לְהוֹדוֹת
לָךְ, עַל מִשְׁפְּטֵי צִדְקֶךָ. סג חָבֵר אָנִי לְכָל אֲשֶׁר יְרֵאוּךָ, וּלְשֹׁמְרֵי
פִּקּוּדֶיךָ. סד חַסְדְּךָ יהוה מָלְאָה הָאָרֶץ, חֻקֶּיךָ לַמְּדֵנִי.

ט סה טוֹב עָשִׂיתָ עִם עַבְדְּךָ, יהוה כִּדְבָרֶךָ. סו טוּב טַעַם וָדַעַת
לַמְּדֵנִי, כִּי בְמִצְוֹתֶיךָ הֶאֱמָנְתִּי. סז טֶרֶם אֶעֱנֶה אֲנִי שֹׁגֵג, וְעַתָּה
אִמְרָתְךָ שָׁמָרְתִּי. סח טוֹב אַתָּה וּמֵטִיב, לַמְּדֵנִי חֻקֶּיךָ. סט טָפְלוּ עָלַי
שֶׁקֶר זֵדִים, אֲנִי בְּכָל לֵב אֶצֹּר פִּקּוּדֶיךָ. ע טָפַשׁ כַּחֵלֶב לִבָּם, אֲנִי
תּוֹרָתְךָ שִׁעֲשָׁעְתִּי. עא טוֹב לִי כִי עֻנֵּיתִי, לְמַעַן אֶלְמַד חֻקֶּיךָ. עב טוֹב
לִי תוֹרַת פִּיךָ, מֵאַלְפֵי זָהָב וָכָסֶף.

י עג יָדֶיךָ עָשׂוּנִי וַיְכוֹנְנוּנִי, הֲבִינֵנִי וְאֶלְמְדָה מִצְוֹתֶיךָ. עד יְרֵאֶיךָ
יִרְאוּנִי וְיִשְׂמָחוּ, כִּי לִדְבָרְךָ יִחָלְתִּי. עה יָדַעְתִּי יהוה כִּי צֶדֶק
מִשְׁפָּטֶיךָ, וֶאֱמוּנָה עִנִּיתָנִי.* עו יְהִי נָא חַסְדְּךָ לְנַחֲמֵנִי, כְּאִמְרָתְךָ
לְעַבְדֶּךָ. עז יְבֹאוּנִי רַחֲמֶיךָ וְאֶחְיֶה, כִּי תוֹרָתְךָ שַׁעֲשֻׁעָי. עח יֵבֹשׁוּ
זֵדִים כִּי שֶׁקֶר עִוְּתוּנִי, אֲנִי אָשִׂיחַ בְּפִקּוּדֶיךָ. עט יָשׁוּבוּ לִי יְרֵאֶיךָ,
וְיֹדְעֵי עֵדֹתֶיךָ. פ יְהִי לִבִּי תָמִים בְּחֻקֶּיךָ, לְמַעַן לֹא אֵבוֹשׁ.

כ פא כָּלְתָה לִתְשׁוּעָתְךָ נַפְשִׁי, לִדְבָרְךָ יִחָלְתִּי. פב כָּלוּ עֵינַי
לְאִמְרָתֶךָ, לֵאמֹר מָתַי תְּנַחֲמֵנִי. פג כִּי הָיִיתִי כְּנֹאד בְּקִיטוֹר,
חֻקֶּיךָ לֹא שָׁכָחְתִּי. פד כַּמָּה יְמֵי עַבְדֶּךָ,* מָתַי תַּעֲשֶׂה בְרֹדְפַי
מִשְׁפָּט. פה כָּרוּ לִי זֵדִים שִׁיחוֹת, אֲשֶׁר לֹא כְתוֹרָתֶךָ. פו כָּל מִצְוֹתֶיךָ

"Fortunate is he who arrives here [in the eternal world of spiritual reward] with his Torah studies in hand [i.e., at his fingertips]" *(Alshich).*

57. חֶלְקִי ה׳ — *My portion is Hashem.* Though others spend their lives in pursuit of physical pleasure, I have chosen Hashem and His Torah as my lot in life.

75. וֶאֱמוּנָה עִנִּיתָנִי — *And that You afflicted me in good faith.* I deserved any suffering which God caused me to endure *(Rashi).*

Radak explicates: I recognize the Almighty as אֵל אֱמוּנָה וְאֵין עָוֶל, *A faithful God, without iniquity* (*Deuteronomy* 32:4). Scripture describes vividly the afflictions which God visits upon Israel: חֳלָיִם רָעִים וְנֶאֱמָנִים, *evil and faithful sicknesses* (*Ibid.*, 28:59). The Talmud (*Avodah Zarah* 55a) explains that God appoints celestial swerve from Your Torah. ⁵² I remembered Your judgments of old, Hashem, and I was comforted. ⁵³ Trembling seized me because of the wicked who forsake Your Torah. ⁵⁴ Your statutes were music to me, in my dwelling place. ⁵⁵ In the night I remembered Your Name, Hashem, and I kept Your Torah. ⁵⁶ All this came to me because I guarded Your precepts.

ח ⁵⁷ My portion is Hashem;* I have pledged to keep Your words. ⁵⁸ I pleaded before You wholeheartedly, favor me according to Your promise. ⁵⁹ I considered my ways and returned my feet to Your testimonies. ⁶⁰ I hastened and I did not delay to keep Your commandments. ⁶¹ Bands of wicked men plundered me, but I did not forget Your Torah. ⁶² At midnight I arise to thank You for Your righteous judgments. ⁶³ I am a friend to all who fear You, and to those who keep Your precepts. ⁶⁴ Your kindness, Hashem, fills the earth, teach me Your statutes.

ט ⁶⁵ You have done good to Your servant, Hashem, according to Your word. ⁶⁶ Teach me good reasoning and knowledge, for I have been faithful to Your commandments. ⁶⁷ Before I was afflicted I erred, but now I keep Your word. ⁶⁸ You are good and beneficent, teach me Your statutes. ⁶⁹ Willful sinners have piled false accusations upon me, but I guard Your precepts with all my heart. ⁷⁰ Their heart grew thick as fat, but for me, Your Torah is my preoccupation. ⁷¹ It is good for me that I was afflicted, so that I might learn Your statutes. ⁷² I prefer the Torah of Your mouth more than thousands in gold and silver.

י ⁷³ Your hands made me and prepared me; grant me understanding so that I may learn Your commandments. ⁷⁴ Those who revere You shall see me and they will rejoice, because I hoped in Your word. ⁷⁵ I know, Hashem, that Your judgment is righteous, and that You afflicted me in good faith.* ⁷⁶ May Your kindness comfort me, as Your promise to Your servant. ⁷⁷ May Your mercies come upon me so that I may live, for Your Torah is my preoccupation. ⁷⁸ May the willful sinners be shamed, for they have maligned me with lies — but I will discuss Your precepts. ⁷⁹ May they return to me those who fear You, and who know Your testimonies. ⁸⁰ May my heart be perfect in Your statutes, so that I be not shamed.

כ ⁸¹ My soul pines for Your salvation, for Your word I hope. ⁸² My eyes pine for Your promise, saying, "When will You comfort me?" ⁸³ Though I have been like a wineskin dried in smoke, I did not forget Your statutes. ⁸⁴ How many are Your servant's days?* When will You execute judgment upon my pursuers? ⁸⁵ Willful sinners dug pits for me, in violation of Your Torah. ⁸⁶ All Your commandments teach

---

forces to carry out His judgments against mankind. These forces are called evil because their mission is to punish, yet these very forces are considered to be faithful in that they discharge their Divine mission precisely, without the slightest deviation. Thus, David says: With אֱמוּנָה, *faithful* [forces of evil], *You afflicted me* (*Maharash Laniado*).

84. כַּמָּה יְמֵי עַבְדֶּךָ — *How many are Your servant's days?* This alludes to the Midrash (*Yalkut Shimoni, Bereishis* 41) that God displayed all future generations to Adam. When He showed him David, who was inscribed to live for only three hours, Adam said, "May seventy years of my life go to this soul," for Adam saw that David was capable of rectifying his, Adam's, sin. Adam

אֱמוּנָה; שֶׁקֶר רְדָפוּנִי, עָזְרֵנִי. פז כִּמְעַט כִּלּוּנִי בָאָרֶץ, וַאֲנִי לֹא
עָזַבְתִּי פִקֻּדֶיךָ. פח כְּחַסְדְּךָ חַיֵּנִי, וְאֶשְׁמְרָה עֵדוּת פִּיךָ.

ל פט לְעוֹלָם יהוה, דְּבָרְךָ נִצָּב בַּשָּׁמָיִם. צ לְדֹר וָדֹר אֱמוּנָתֶךָ,
כּוֹנַנְתָּ אֶרֶץ וַתַּעֲמֹד. צא לְמִשְׁפָּטֶיךָ עָמְדוּ הַיּוֹם, כִּי הַכֹּל
עֲבָדֶיךָ.* צב לוּלֵי תוֹרָתְךָ שַׁעֲשֻׁעָי, אָז אָבַדְתִּי בְעָנְיִי. צג לְעוֹלָם לֹא
אֶשְׁכַּח פִּקּוּדֶיךָ, כִּי בָם חִיִּיתָנִי. צד לְךָ אֲנִי הוֹשִׁיעֵנִי, כִּי פִקּוּדֶיךָ
דָרָשְׁתִּי. צה לִי קִוּוּ רְשָׁעִים לְאַבְּדֵנִי, עֵדֹתֶיךָ אֶתְבּוֹנָן. צו לְכָל תִּכְלָה
רָאִיתִי קֵץ, רְחָבָה מִצְוָתְךָ מְאֹד.

מ צז מָה אָהַבְתִּי תוֹרָתֶךָ, כָּל הַיּוֹם הִיא שִׂיחָתִי. צח מֵאֹיְבַי
תְּחַכְּמֵנִי מִצְוֺתֶךָ, כִּי לְעוֹלָם הִיא לִי.* צט מִכָּל מְלַמְּדַי
הִשְׂכַּלְתִּי, כִּי עֵדְוֺתֶיךָ שִׂיחָה לִי. ק מִזְּקֵנִים אֶתְבּוֹנָן, כִּי פִקּוּדֶיךָ
נָצָרְתִּי. קא מִכָּל אֹרַח רָע כָּלִאתִי רַגְלָי, לְמַעַן אֶשְׁמֹר דְּבָרֶךָ.
קב מִמִּשְׁפָּטֶיךָ לֹא סָרְתִּי, כִּי אַתָּה הוֹרֵתָנִי. קג מַה נִּמְלְצוּ לְחִכִּי
אִמְרָתֶךָ, מִדְּבַשׁ לְפִי. קד מִפִּקּוּדֶיךָ אֶתְבּוֹנָן, עַל כֵּן שָׂנֵאתִי כָּל
אֹרַח שָׁקֶר.

נ* קה נֵר לְרַגְלִי דְבָרֶךָ, וְאוֹר לִנְתִיבָתִי. קו נִשְׁבַּעְתִּי וָאֲקַיֵּמָה,
לִשְׁמֹר מִשְׁפְּטֵי צִדְקֶךָ. קז נַעֲנֵיתִי עַד מְאֹד; יהוה, חַיֵּנִי כִדְבָרֶךָ.
קח נִדְבוֹת פִּי רְצֵה נָא, יהוה; וּמִשְׁפָּטֶיךָ לַמְּדֵנִי. קט נַפְשִׁי בְכַפִּי
תָמִיד, וְתוֹרָתְךָ לֹא שָׁכָחְתִּי. קי נָתְנוּ רְשָׁעִים פַּח לִי, וּמִפִּקּוּדֶיךָ לֹא
תָעִיתִי. קיא נָחַלְתִּי עֵדְוֺתֶיךָ לְעוֹלָם, כִּי שְׂשׂוֹן לִבִּי הֵמָּה. קיב נָטִיתִי
לִבִּי לַעֲשׂוֹת חֻקֶּיךָ לְעוֹלָם עֵקֶב.

ס קיג סֵעֲפִים שָׂנֵאתִי, וְתוֹרָתְךָ אָהָבְתִּי. קיד סִתְרִי וּמָגִנִּי אָתָּה,
לִדְבָרְךָ יִחָלְתִּי. קטו סוּרוּ מִמֶּנִּי מְרֵעִים, וְאֶצְּרָה מִצְוֺת אֱלֹהָי.

---

computed that David needed precisely seventy years of life to accomplish this task. Thus David argues: *How many are the days of Your servant?* Were not the days of my life measured out with precision, so that I could use every minute toward the accomplishment of a great goal? How can You allow those who pursue me to end my life prematurely? *Execute justice upon my pursuers* and foil their plot!

91. כִּי הַכֹּל עֲבָדֶיךָ — *For all are Your servants.* The Talmud (*Nedarim* 41a) derives from this verse that when the time arrives for someone to leave this world, any creature has power over him, for לְמִשְׁפָּטֶיךָ עָמְדוּ הַיּוֹם, *When the day comes to stand for Your judgment,* כִּי הַכֹּל עֲבָדֶיךָ, *all [creatures] are Your servants,* i.e., any one of them can fulfill the Divine decree by causing the person to depart from the world.

Chazah Zion explains that this verse refers to David who suffered repeatedly but never attributed his woes to blind fate or chance. He always admitted that he was being summoned for Divine judgment and that his persecutors were merely servants of God appointed to execute His judgment. Thus, when Absalom pursued him, David was filled with contrition and remorse for his sins. And when Shimi ben Geira cursed and stoned him, David resigned himself to disgrace, for he knew that Shimi was merely the means by which God's judgment was being

37 / PROCEDURE FOR ERECTING A MONUMENT

truthfulness; they pursue me with lies — help me! ⁸⁷ They had almost destroyed me on earth, but I did not forsake Your precepts. ⁸⁸ In accordance with Your kindness preserve me, and I will keep the testimony of Your mouth.

ל ⁸⁹ Forever, Hashem, Your word stands firm in heaven. ⁹⁰ Your faithfulness endures from generation to generation, You established the earth and it endures. ⁹¹ To fulfill Your decree they stand until this day, for all are Your servants.* ⁹² Had Your Torah not been my preoccupation, then I would have perished in my affliction. ⁹³ I will never forget Your precepts, for through them You have preserved me. ⁹⁴ I am Yours, save me, for I have sought Your precepts. ⁹⁵ The wicked hoped to destroy me, but I contemplate Your testimonies. ⁹⁶ To every goal I have seen an end, but Your commandment is exceedingly broad.

מ ⁹⁷ O how I love Your Torah! All day long it is my conversation. ⁹⁸ [Each of] Your commandments makes me wiser than my enemies, for it is ever with me.* ⁹⁹ From all my teachers I grew wise, for Your ennobling testimonies are my conversation. ¹⁰⁰ From wise elders I gain understanding, because I have guarded Your precepts. ¹⁰¹ From every evil path I restrained my feet, so that I might keep Your word. ¹⁰² From your ordinances I did not turn aside, for You have taught me. ¹⁰³ How sweet to my palate is every one of Your words, more than honey to my mouth. ¹⁰⁴ From Your precepts I acquire understanding, therefore I hate every path of falsehood.

נ* ¹⁰⁵ Your word is a lamp for my feet and a light for my path. ¹⁰⁶ I have sworn — and I will fulfill — to keep Your righteous ordinances. ¹⁰⁷ I am exceedingly afflicted; O Hashem, preserve me in accordance with Your word. ¹⁰⁸ Please accept with favor the offerings of my mouth, Hashem, that You should teach me Your ordinances. ¹⁰⁹ My life is constantly in danger, but I did not forget Your Torah. ¹¹⁰ The wicked laid a snare for me, but I did not stray from Your precepts. ¹¹¹ I have taken Your ennobling testimonies as my eternal heritage, for they are the joy of my heart. ¹¹² I have inclined my heart to perform Your statutes, forever, to the utmost.

ס ¹¹³ I hate the freethinkers, but I love Your Torah. ¹¹⁴ You are my concealment and my shield, I put hope in Your word. ¹¹⁵ Depart from me, You evildoers, and I will guard the commandments of my God.

---

administered to him.

98. כִּי לְעוֹלָם הִיא לִי — *For it is ever with me.* One who evaluates every aspect of his life by the standard of Torah values frees himself from the shackles of his selfishness and is thus able to perceive things with true clarity and wisdom (*R. Hirsch*).

105-112. נ — *nun.* The Talmud (*Shabbos* 104a) says that the letter נ, *nun,* stands for the נֶאֱמָן, *loyal person,* who is completely devoted to God. The *nun's* bent shape indicates subservience to God's will.

Osios de-Rabbi Akiva states that the human נְשָׁמָה, *soul,* was created with the *nun* as its initial letter.

The numerical value of *nun* is fifty, symbolizing the נ׳ שַׁעֲרֵי בִּינָה, fifty gateways to profound insight into Divine wisdom. The man who is נֶאֱמָן, *loyal,* to God will illuminate his soul and attempt to attain these fifty levels of insight. He will use the נֵר, *lamp,* of God's Torah to guide his ascent toward the zenith of Divine knowledge.

קטז סָמְכֵנִי כְאִמְרָתְךָ וְאֶחְיֶה, וְאַל תְּבִישֵׁנִי מִשִּׂבְרִי.
קיז סְעָדֵנִי וְאִוָּשֵׁעָה, וְאֶשְׁעָה בְחֻקֶּיךָ תָמִיד. קיח סָלִיתָ כָּל
שׁוֹגִים מֵחֻקֶּיךָ, כִּי שֶׁקֶר תַּרְמִיתָם. קיט סִגִים הִשְׁבַּתָּ כָל רִשְׁעֵי
אָרֶץ, לָכֵן אָהַבְתִּי עֵדֹתֶיךָ. קכ סָמַר מִפַּחְדְּךָ בְשָׂרִי, וּמִמִּשְׁפָּטֶיךָ
יָרֵאתִי.

ע קכא עָשִׂיתִי מִשְׁפָּט וָצֶדֶק, בַּל תַּנִּיחֵנִי לְעֹשְׁקָי. קכב עֲרֹב עַבְדְּךָ
לְטוֹב, אַל יַעַשְׁקֻנִי זֵדִים. קכג עֵינַי כָּלוּ לִישׁוּעָתֶךָ, וּלְאִמְרַת
צִדְקֶךָ. קכד עֲשֵׂה עִם עַבְדְּךָ כְחַסְדֶּךָ, וְחֻקֶּיךָ לַמְּדֵנִי. קכה עַבְדְּךָ אָנִי
הֲבִינֵנִי, וְאֵדְעָה עֵדֹתֶיךָ. קכו עֵת לַעֲשׂוֹת לַיהוה, הֵפֵרוּ תּוֹרָתֶךָ.
קכז עַל כֵּן אָהַבְתִּי מִצְוֺתֶיךָ, מִזָּהָב וּמִפָּז. קכח עַל כֵּן כָּל פִּקּוּדֵי כֹל
יִשָּׁרְתִּי, כָּל אֹרַח שֶׁקֶר שָׂנֵאתִי.

פ קכט פְּלָאוֹת עֵדְוֺתֶיךָ, עַל כֵּן נְצָרָתַם נַפְשִׁי. קל פֵּתַח
דְּבָרֶיךָ יָאִיר, מֵבִין פְּתָיִים. קלא פִּי פָעַרְתִּי וָאֶשְׁאָפָה,
כִּי לְמִצְוֺתֶיךָ יָאָבְתִּי. קלב פְּנֵה אֵלַי וְחָנֵּנִי, כְּמִשְׁפָּט לְאֹהֲבֵי
שְׁמֶךָ. קלג פְּעָמַי הָכֵן בְּאִמְרָתֶךָ, וְאַל תַּשְׁלֶט בִּי כָל אָוֶן.
קלד פְּדֵנִי מֵעֹשֶׁק אָדָם, וְאֶשְׁמְרָה פִּקּוּדֶיךָ. קלה פָּנֶיךָ הָאֵר
בְּעַבְדֶּךָ, וְלַמְּדֵנִי אֶת חֻקֶּיךָ. קלו פַּלְגֵי מַיִם יָרְדוּ עֵינָי, עַל לֹא שָׁמְרוּ
תוֹרָתֶךָ.

צ קלז צַדִּיק אַתָּה יהוה, וְיָשָׁר מִשְׁפָּטֶיךָ. קלח צִוִּיתָ צֶדֶק עֵדֹתֶיךָ,
וֶאֱמוּנָה מְאֹד. קלט צִמְּתַתְנִי קִנְאָתִי, כִּי שָׁכְחוּ דְבָרֶיךָ צָרָי.
קמ צְרוּפָה אִמְרָתְךָ מְאֹד, וְעַבְדְּךָ אֲהֵבָהּ. קמא צָעִיר אָנֹכִי וְנִבְזֶה,
פִּקֻּדֶיךָ לֹא שָׁכָחְתִּי. קמב צִדְקָתְךָ צֶדֶק לְעוֹלָם, וְתוֹרָתְךָ אֱמֶת.
קמג צַר וּמָצוֹק מְצָאוּנִי, מִצְוֺתֶיךָ שַׁעֲשֻׁעָי. קמד צֶדֶק עֵדְוֺתֶיךָ לְעוֹלָם,
הֲבִינֵנִי וְאֶחְיֶה.

ק קמה קָרָאתִי בְכָל לֵב, עֲנֵנִי יהוה; חֻקֶּיךָ אֶצֹּרָה. קמו קְרָאתִיךָ
הוֹשִׁיעֵנִי, וְאֶשְׁמְרָה עֵדֹתֶיךָ. קמז קִדַּמְתִּי בַנֶּשֶׁף וָאֲשַׁוֵּעָה,
לִדְבָרְךָ יִחָלְתִּי. קמח קִדְּמוּ עֵינַי אַשְׁמֻרוֹת, לָשִׂיחַ בְּאִמְרָתֶךָ.
קמט קוֹלִי שִׁמְעָה כְחַסְדֶּךָ; יהוה, כְּמִשְׁפָּטֶךָ חַיֵּנִי. קנ קָרְבוּ רֹדְפֵי
זִמָּה, מִתּוֹרָתְךָ רָחָקוּ. קנא קָרוֹב אַתָּה יהוה, וְכָל מִצְוֺתֶיךָ אֱמֶת.
קנב קֶדֶם יָדַעְתִּי מֵעֵדֹתֶיךָ, כִּי לְעוֹלָם יְסַדְתָּם.

39 / PROCEDURE FOR ERECTING A MONUMENT

¹¹⁶ *Support me according to Your promise that I may live, disgrace me not in my hope.* ¹¹⁷ *Sustain me that I may be saved, and I will always be engrossed in Your statutes.* ¹¹⁸ *You trampled all who stray from Your statutes, for their deceit is falsehood.* ¹¹⁹ *Like dross, You purged all the wicked of the earth, therefore I have loved Your testimonies.* ¹²⁰ *My flesh shuddered from dread of You, and I feared Your judgments.*

ע ¹²¹ *I practiced justice and righteousness, abandon me not to those who exploit me.* ¹²² *Be Your servant's guarantor for good, let not willful sinners exploit me.* ¹²³ *My eyes pine for Your salvation, and for Your promised righteousness.* ¹²⁴ *Treat Your servant according to Your kindness, and teach me Your statutes.* ¹²⁵ *I am Your servant, grant me understanding, so that I may know Your testimonies.* ¹²⁶ *For it is a time to act for Hashem, they have voided Your Torah.* ¹²⁷ *Therefore I have loved Your commandments, more than gold, even more than fine gold.* ¹²⁸ *Therefore I have declared the fairness of every precept regarding everything! I have hated every path of falsehood.*

פ ¹²⁹ *Your ennobling testimonies are wonders, therefore my soul has guarded them.* ¹³⁰ *The introduction of Your words illuminates, making simpletons understand.* ¹³¹ *I opened my mouth and swallowed deeply, because I crave for Your commandments.* ¹³² *Turn to me and favor me, as is Your practice to those who love Your Name.* ¹³³ *Ready my steps in Your word, and do not give iniquity dominion over me.* ¹³⁴ *Redeem me from human exploitation, and I will keep Your precepts.* ¹³⁵ *Cause Your face to shine upon Your servant, and teach me Your statutes.* ¹³⁶ *My eyes shed streams of water, because they did not keep Your Torah.*

צ ¹³⁷ *Righteous are You, O Hashem, and each of Your judgments is fair.* ¹³⁸ *You commanded the justice of Your testimonies, and great faithfulness.* ¹³⁹ *My zeal has consumed me, for my oppressors have forgotten Your words.* ¹⁴⁰ *Your word is very pure, and Your servant loves it.* ¹⁴¹ *I am young and despised, yet I do not forget Your precepts.* ¹⁴² *Your righteousness is an everlasting righteousness, and Your Torah is truth.* ¹⁴³ *Distress and anguish have overtaken me, Your commandments are my preoccupation.* ¹⁴⁴ *Your ennobling testimonies are righteous forever, grant me understanding so that I may live.*

ק ¹⁴⁵ *I called with all my heart, answer me, O Hashem, I will guard Your statutes.* ¹⁴⁶ *I called You, save me, and I will keep Your testimonies.* ¹⁴⁷ *I arose before dawn and I cried out, I hoped for Your word.* ¹⁴⁸ *My eyes preceded the night watches, to discuss Your word.* ¹⁴⁹ *Hear my voice in accordance with Your kindness — O Hashem, preserve me in accordance with Your practice.* ¹⁵⁰ *The pursuers of sinful counsel have nearly attained it, they are far from Your Torah.* ¹⁵¹ *Yet You are nearby, O Hashem, and all Your commandments are true.* ¹⁵² *From the start I gained knowledge from Your testimonies, because You established them forever.*

ר קנג רְאֵה עָנְיִי וְחַלְּצֵנִי, כִּי תוֹרָתְךָ לֹא שָׁכָחְתִּי. קנד רִיבָה
רִיבִי וּגְאָלֵנִי, לְאִמְרָתְךָ חַיֵּנִי. קנה רָחוֹק מֵרְשָׁעִים יְשׁוּעָה, כִּי
חֻקֶּיךָ לֹא דָרָשׁוּ. קנו רַחֲמֶיךָ רַבִּים | יהוה, כְּמִשְׁפָּטֶיךָ חַיֵּנִי.
קנז רַבִּים רֹדְפַי וְצָרָי, מֵעֵדְוֺתֶיךָ לֹא נָטִיתִי. קנח רָאִיתִי בֹגְדִים
וָאֶתְקוֹטָטָה, אֲשֶׁר אִמְרָתְךָ לֹא שָׁמָרוּ. קנט רְאֵה כִּי פִקּוּדֶיךָ
אָהָבְתִּי; יהוה, כְּחַסְדְּךָ חַיֵּנִי. קס רֹאשׁ דְּבָרְךָ אֱמֶת, וּלְעוֹלָם כָּל
מִשְׁפַּט צִדְקֶךָ.*

ש קסא שָׂרִים רְדָפוּנִי חִנָּם, וּמִדְּבָרְךָ פָּחַד לִבִּי. קסב שָׂשׂ אָנֹכִי
עַל אִמְרָתֶךָ, כְּמוֹצֵא שָׁלָל רָב. קסג שֶׁקֶר שָׂנֵאתִי וָאֲתַעֵבָה,
תּוֹרָתְךָ אָהָבְתִּי. קסד שֶׁבַע בַּיּוֹם הִלַּלְתִּיךָ, עַל מִשְׁפְּטֵי צִדְקֶךָ.
קסה שָׁלוֹם רָב לְאֹהֲבֵי תוֹרָתֶךָ, וְאֵין לָמוֹ מִכְשׁוֹל. קסו שִׂבַּרְתִּי
לִישׁוּעָתְךָ יהוה, וּמִצְוֺתֶיךָ עָשִׂיתִי. קסז שָׁמְרָה נַפְשִׁי עֵדֹתֶיךָ,
וָאֹהֲבֵם מְאֹד. קסח שָׁמַרְתִּי פִקּוּדֶיךָ וְעֵדֹתֶיךָ, כִּי כָל דְּרָכַי נֶגְדֶּךָ.

ת קסט תִּקְרַב רִנָּתִי לְפָנֶיךָ, יהוה; כִּדְבָרְךָ הֲבִינֵנִי. קע תָּבוֹא
תְּחִנָּתִי לְפָנֶיךָ, כְּאִמְרָתְךָ הַצִּילֵנִי. קעא תַּבַּעְנָה שְׂפָתַי תְּהִלָּה,
כִּי תְלַמְּדֵנִי חֻקֶּיךָ. קעב תַּעַן לְשׁוֹנִי אִמְרָתֶךָ, כִּי כָל מִצְוֺתֶיךָ צֶּדֶק.
קעג תְּהִי יָדְךָ לְעָזְרֵנִי, כִּי פִקּוּדֶיךָ בָחָרְתִּי. קעד תָּאַבְתִּי לִישׁוּעָתְךָ,
יהוה;* וְתוֹרָתְךָ שַׁעֲשֻׁעָי. קעה תְּחִי נַפְשִׁי וּתְהַלְלֶךָּ, וּמִשְׁפָּטֶךָ יַעְזְרֻנִי.
קעו תָּעִיתִי כְּשֶׂה אֹבֵד, בַּקֵּשׁ עַבְדֶּךָ; כִּי מִצְוֺתֶיךָ לֹא שָׁכָחְתִּי.

אָנָּא בְּכֹחַ גְּדֻלַּת יְמִינְךָ תַּתִּיר צְרוּרָה.
קַבֵּל רִנַּת עַמְּךָ שַׂגְּבֵנוּ טַהֲרֵנוּ נוֹרָא.
נָא גִבּוֹר דּוֹרְשֵׁי יִחוּדְךָ כְּבָבַת שָׁמְרֵם.
בָּרְכֵם טַהֲרֵם רַחֲמֵם צִדְקָתְךָ תָּמִיד גָּמְלֵם.
חֲסִין קָדוֹשׁ בְּרוֹב טוּבְךָ נַהֵל עֲדָתֶךָ.
יָחִיד גֵּאֶה לְעַמְּךָ פְּנֵה זוֹכְרֵי קְדֻשָּׁתֶךָ.
שַׁוְעָתֵנוּ קַבֵּל וּשְׁמַע צַעֲקָתֵנוּ יוֹדֵעַ תַּעֲלֻמוֹת.
בָּרוּךְ שֵׁם כְּבוֹד מַלְכוּתוֹ לְעוֹלָם וָעֶד.

It is customary at this point to recite the sets of letters that spell the word נְשָׁמָה [נ.ש.מ.ה] in *Psalms* 119.

---

160. וּלְעוֹלָם כָּל מִשְׁפַּט צִדְקֶךָ — *And every ordinance of Your righteousness is valid for all time.* The foundations of Creation were established on a firm Divine commitment to truth and justice. Truth is the theme and purpose underlining all of God's actions as He controls the world. Moreover,

41 / PROCEDURE FOR ERECTING A MONUMENT

ר ¹⁵³ *See my affliction and release me, for I have not forgotten Your Torah.* ¹⁵⁴ *Champion my cause and redeem me, preserve me that I may fulfill Your word.* ¹⁵⁵ *Salvation is far from the wicked, for they sought not Your statutes.* ¹⁵⁶ *Your mercies, O Hashem, are abundant, preserve me as is Your practice.* ¹⁵⁷ *Many were my pursuers and tormentors, but I did not swerve from Your ennobling testimonies.* ¹⁵⁸ *I saw traitors and I quarreled with them, because they kept not Your word.* ¹⁵⁹ *See that I have loved Your precepts — O Hashem, preserve me in accordance with Your kindness.* ¹⁶⁰ *Your very first utterance is truth, and every ordinance of Your righteousness is valid for all time.**

ש ¹⁶¹ *Princes have pursued me without cause, but my heart has feared Your utterance.* ¹⁶² *I rejoice over Your word, like one who finds abundant spoils.* ¹⁶³ *I have hated falsehood and abhorred it, Your Torah I love.* ¹⁶⁴ *Seven times a day I have praised You for Your righteous ordinances.* ¹⁶⁵ *There is abundant peace to the lovers of Your Torah, and there is no stumbling block for them.* ¹⁶⁶ *I hoped for Your salvation, O Hashem, and I performed Your commandments.* ¹⁶⁷ *My soul kept Your testimonies, and I loved them very much.* ¹⁶⁸ *I have kept Your orders and Your testimonies, because all my ways are before You.*

ת ¹⁶⁹ *May my prayerful song approach Your Presence, Hashem, that You grant me understanding in accordance with Your utterance.* ¹⁷⁰ *May my supplication come before You, rescue me in accordance with Your word.* ¹⁷¹ *My lips will speak praise when You teach me Your statutes.* ¹⁷² *My tongue shall proclaim Your word, because all Your commandments are righteous.* ¹⁷³ *Let Your hand be ready to assist me, for I have chosen Your precepts.* ¹⁷⁴ *I crave Your salvation, O Hashem,* *and Your Torah is my preoccupation.* ¹⁷⁵ *Let my soul live and it shall praise You, and Your ordinances will assist me.* ¹⁷⁶ *I have strayed like a lost sheep — seek out Your servant; for I have not forgotten Your commandments.*

אָנָּא *We beg You! With the strength of Your right hand's greatness, untie the bundled sins. Accept the prayer of Your nation; strengthen us, purify us, O Awesome One. Please, O Strong One — those who foster Your Oneness, guard them like the pupil of the eye. Bless them, purify them, show them pity, may Your righteousness always recompense them. Powerful Holy One, with Your abundant goodness guide Your congregation. One and only Exalted One, turn to Your nation which proclaims Your holiness. Accept our entreaty and hear our cry, O Knower of mysteries. Blessed is the Name of His glorious kingdom for all eternity.*

It is customary at this point to recite the sets of letters that spell the word נְשָׁמָה [נ.ש.מ.ה] (soul) in *Psalms* 119.

---

this truth will endure forever, because in the eternal World to Come, God will judge and reward all those who were faithful to Him, and He will punish all those who denied His truth.

174. תָּאַבְתִּי לִישׁוּעָתְךָ ה׳ — *I crave Your salvation,*
O Hashem. My overriding concern is for the salvation of my spirit in the World to Come. Therefore, I am preoccupied with the study of Your Torah, because I realize that only Torah can save my soul (*Radak*).

קדיש יתום

In the presence of a *minyan*, mourners recite the Mourner's *Kaddish*.

יִתְגַּדַּל וְיִתְקַדַּשׁ שְׁמֵהּ רַבָּא. (.Cong – אָמֵן.) בְּעָלְמָא דִּי בְרָא כִרְעוּתֵהּ. וְיַמְלִיךְ מַלְכוּתֵהּ, בְּחַיֵּיכוֹן וּבְיוֹמֵיכוֹן וּבְחַיֵּי דְכָל בֵּית יִשְׂרָאֵל, בַּעֲגָלָא וּבִזְמַן קָרִיב. וְאִמְרוּ: אָמֵן.

(.Cong – אָמֵן. יְהֵא שְׁמֵהּ רַבָּא מְבָרַךְ לְעָלַם וּלְעָלְמֵי עָלְמַיָּא.)

יְהֵא שְׁמֵהּ רַבָּא מְבָרַךְ לְעָלַם וּלְעָלְמֵי עָלְמַיָּא.

יִתְבָּרַךְ וְיִשְׁתַּבַּח וְיִתְפָּאַר וְיִתְרוֹמַם וְיִתְנַשֵּׂא וְיִתְהַדָּר וְיִתְעַלֶּה וְיִתְהַלָּל שְׁמֵהּ דְּקֻדְשָׁא בְּרִיךְ הוּא (.Cong – בְּרִיךְ הוּא) — °לְעֵלָּא מִן כָּל [From Rosh Hashanah to Yom Kippur substitute – °לְעֵלָּא (וּ)לְעֵלָּא מִכָּל] בִּרְכָתָא וְשִׁירָתָא תֻּשְׁבְּחָתָא וְנֶחֱמָתָא, דַּאֲמִירָן בְּעָלְמָא. וְאִמְרוּ: אָמֵן. (.Cong – אָמֵן.)

יְהֵא שְׁלָמָא רַבָּא מִן שְׁמַיָּא, וְחַיִּים עָלֵינוּ וְעַל כָּל יִשְׂרָאֵל. וְאִמְרוּ: אָמֵן. (.Cong – אָמֵן.)

Take three steps back. Bow left and say . . . עֹשֶׂה; bow right and say . . . הוּא; bow forward and say וְעַל כָּל . . . אָמֵן. Remain standing in place for a few moments, then take three steps forward.

עֹשֶׂה שָׁלוֹם בִּמְרוֹמָיו, הוּא יַעֲשֶׂה שָׁלוֹם עָלֵינוּ, וְעַל כָּל יִשְׂרָאֵל. וְאִמְרוּ: אָמֵן. (.Cong – אָמֵן.)

Following the *Kaddish*, the traditional *Keil Maleh Rachamim* is recited. It may be recited even if no *minyan* is present.

אֵל מָלֵא רַחֲמִים, שׁוֹכֵן בַּמְּרוֹמִים, הַמְצֵא מְנוּחָה נְכוֹנָה עַל כַּנְפֵי הַשְּׁכִינָה, בְּמַעֲלוֹת קְדוֹשִׁים וּטְהוֹרִים כְּזֹהַר הָרָקִיעַ מַזְהִירִים, אֶת נִשְׁמַת (שם הנפטר/הנפטרת)

For a male:

בֶּן (שם אבי הנפטר) שֶׁהָלַךְ לְעוֹלָמוֹ, בַּעֲבוּר שֶׁנּוֹדְבִים צְדָקָה בְּעַד הַזְכָּרַת נִשְׁמָתוֹ. בְּגַן עֵדֶן תְּהֵא מְנוּחָתוֹ, לָכֵן בַּעַל הָרַחֲמִים יַסְתִּירֵהוּ בְּסֵתֶר כְּנָפָיו לְעוֹלָמִים; וְיִצְרוֹר בִּצְרוֹר הַחַיִּים אֶת נִשְׁמָתוֹ, יהוה הוּא נַחֲלָתוֹ, וְיָנוּחַ עַל מִשְׁכָּבוֹ בְּשָׁלוֹם וְנֹאמַר אָמֵן:

For a female:

בַּת (שם אבי הנפטרת) שֶׁהָלְכָה לְעוֹלָמָהּ, בַּעֲבוּר שֶׁנּוֹדְבִים צְדָקָה בְּעַד הַזְכָּרַת נִשְׁמָתָהּ. בְּגַן עֵדֶן תְּהֵא מְנוּחָתָהּ, לָכֵן בַּעַל הָרַחֲמִים יַסְתִּירֶהָ בְּסֵתֶר כְּנָפָיו לְעוֹלָמִים; וְיִצְרוֹר בִּצְרוֹר הַחַיִּים אֶת נִשְׁמָתָהּ, יהוה הוּא נַחֲלָתָהּ, וְתָנוּחַ עַל מִשְׁכָּבָהּ בְּשָׁלוֹם וְנֹאמַר אָמֵן:

PLACING A PEBBLE ON THE GRAVE

Upon taking leave of the grave, it is customary to place a pebble on the grave as an expression of respect and honor for the deceased, showing that his or her grave was visited.

43 / PROCEDURE FOR ERECTING A MONUMENT

MOURNER'S KADDISH

In the presence of a *minyan,* mourners recite the Mourner's *Kaddish*.
[A transliteration of this *Kaddish* appears on p. 98.]

יִתְגַּדַּל May His great Name grow exalted and sanctified (Cong.— Amen.) *in the world that He created as He willed. May He give reign to His kingship in your lifetimes and in your days, and in the lifetimes of the entire Family of Israel, swiftly and soon. Now respond: Amen.*

(Cong.— *Amen. May His great Name be blessed forever and ever.*)
May His great Name be blessed forever and ever.

Blessed, praised, glorified, exalted, extolled, mighty, upraised, and lauded be the Name of the Holy One, Blessed is He (Cong.— *Blessed is He*) — [From Rosh Hashanah to Yom Kippur add: *exceedingly*] *beyond any blessing and song, praise and consolation that are uttered in the world. Now respond: Amen.* (Cong.— *Amen*).

May there be abundant peace from Heaven, and life, upon us and upon all Israel. Now respond: Amen. (Cong.— *Amen.*)

Take three steps back. Bow left and say, *"He Who makes peace . . .";*
bow right and say, *"may He . . .";* bow forward and say, *"and upon all Israel . . ."*
Remain standing in place for a few moments, then take three steps forward.

He Who makes peace in His heights, may He make peace upon us, and upon all Israel. Now respond: Amen. (Cong.— *Amen.*)

Following the *Kaddish,* the traditional *Keil Maleh Rachamim* is recited.
It may be recited even if no *minyan* is present.

אֵל מָלֵא רַחֲמִים *O God, full of mercy, Who dwells on high, grant proper rest on the wings of the Divine Presence — in the lofty levels of the holy and the pure ones, who shine like the glow of the firmament — for the soul of* (deceased's Hebrew name) *the*

For a male:	For a female:
son of (deceased's father's name) *who went on to his world, because they will contribute to charity in remembrance of his soul. May his resting place be in the Garden of Eden — therefore may the Master of mercy shelter him in the shelter of His wings for eternity; and may He bind his soul in the Bond of Life. Hashem is his heritage, and may he repose in peace on his resting place. Now let us respond: Amen.*	*daughter of* (deceased's father's name) *who went on to her world, because they will contribute to charity in remembrance of her soul. May her resting place be in the Garden of Eden — therefore may the Master of mercy shelter her in the shelter of His wings for eternity; and may He bind her soul in the Bond of Life. Hashem is her heritage, and may she repose in peace on her resting place. Now let us respond: Amen.*

PLACING A PEBBLE ON THE GRAVE

Upon taking leave of the grave, it is customary to place a pebble on the grave as an expression of respect and honor for the deceased, showing that his or her grave was visited.

תפילות לביקור קברים
Prayers Recited Upon Visiting a Cemetery

The following is a compilation of prayers to be recited upon visiting a cemetery, with an English translation provided for those that we feel are most likely to be recited. Very often, more than one prayer is read. For example, if one travels from afar to visit one's parents' graves on *Erev Rosh Hashanah*, one would recite the opening prayer (#1), the prayers at one's parents' graves (#2,3), the prayer for *Erev Rosh Hashanah* (#10), the prayer recited when coming from afar to visit a grave (#17), and the final prayer upon leaving the cemetery (#26).

Some also have a custom to add all the chapters from *Psalms* that are recited during a *Hakomas Matzeivah* ceremony (see p. 340) in addition to those printed here.

Upon taking leave of the grave, it is customary to place a pebble on the grave as an expression of respect and honor for the deceased, showing that his or her grave was visited.

All selections are taken from the traditional *Ma'aneh Lashon* text with a few exceptions. The prayers for sustenance (#8), on behalf of sick children (#9), for health recited by a sick person (#18), for raising children easily (#20), and that recited at the grave of a great Torah scholar (#22) are taken from R. Gavriel H. Englander, *Emunah Lishenei Afar* (Vienna, 1861).

The *ba'al teshuvah's* prayer at the grave of a *tzaddik* (#24) comes from R. Shimon Frankfort, *Sefer Chaim la-Nefesh*, ed. by G. Polak and M. van Ameringen (Amsterdam, 1867). The prayer recited at the grave of one who died for the sanctification of God's name (#25) is taken from R. N.E. Halasz, *Sefer Orach Kol Adam* (Budapest, 1902).

47 / PRAYERS UPON VISITING A CEMETERY

Table of Contents

1. Upon Entering a Cemetery / בִּכְנִיסָה לְבֵית הַקְּבָרוֹת 48
2. At One's Father's Grave / בַּעֲלִיָּה לְקֶבֶר אָב 48
3. At One's Mother's Grave / בַּעֲלִיָּה לְקֶבֶר אֵם 54
4. At One's Wife's Grave (If Husband Did Not Remarry) / לְבַעַל בַּעֲלִיָּה לְקֶבֶר אִשְׁתּוֹ (כְּשֶׁלֹּא נִישָּׂא מֵחָדָשׁ) 54
5. At One's Husband's Grave (If Wife Did Not Remarry) לְאִשָּׁה בַּעֲלִיָּה לְקֶבֶר בַּעֲלָהּ (כְּשֶׁלֹּא נִישְּׂאָה מֵחָדָשׁ) 56
6. Upon One's Mother's Yahrtzeit / בְּיוֹם הַשָּׁנָה (יָאהרְצַייט) לִפְטִירַת אֵם 60
7. Upon One's Father's Yahrtzeit / בְּיוֹם הַשָּׁנָה (יָאהרְצַייט) לִפְטִירַת אָב 62
8. For Sustenance / לְפַרְנָסָה 66
9. On Behalf of Sick Children / לְתַחֲלוּאֵי יְלָדִים 66
10. On Erev Rosh Hashanah and Erev Yom Kippur / בְּעֶרֶב רֹאשׁ הַשָּׁנָה וּבְעֶרֶב יוֹם כִּפּוּר 70
11. At One's Brother's Grave / בַּעֲלִיָּה לְקֶבֶר אָח 72
12. At One's Sister's Grave / בַּעֲלִיָּה לְקֶבֶר אָחוֹת 73
13. At One's Grandfather's Grave / בַּעֲלִיָּה לְקֶבֶר סַבָּא 74
14. At One's Grandmother's Grave / בַּעֲלִיָּה לְקֶבֶר סַבְתָּא 76
15. At the Grave of One's Grown Child / בַּעֲלִיָּה לְקֶבֶר יֶלֶד־גָּדוֹל 76
16. At the Grave of One's Infant Child / בַּעֲלִיָּה לְקֶבֶר יֶלֶד־תִּינוֹק 77
17. When Coming from Afar to One's Relative's Grave / כְּשֶׁבָּאִים מִמֶּרְחַקִּים לְקֶבֶר קָרוֹב מִשְׁפָּחָה 78
18. For Health, Recited by a Sick Person / תְּפִלַּת חוֹלֶה לִרְפוּאָתוֹ/חוֹלָה לִרְפוּאָתָהּ 80
19. To Have Children / לִזְכּוֹת לְזֶרַע שֶׁל קַיָּמָא 81
20. For Raising Children Easily / לְגִדּוּל יְלָדִים בְּנָקֵל 82
21. For Forgiveness for Sinful Behavior Toward the Departed / לְבַקָּשַׁת מְחִילָה מִנִּפְטָר/נִפְטֶרֶת עַל שֶׁחָטָא כְּנֶגְדּוֹ/כְּנֶגְדָּהּ 83
22. At the Grave of a Great Torah Scholar / בַּעֲלִיָּה לְקֶבֶר תַּלְמִיד חָכָם גָּדוֹל 83
23. On Behalf of the Sick at the Grave of a *Tzaddik* / תְּפִלָּה עַל חוֹלֶה/חוֹלָה לְיַד קֶבֶר צַדִּיק 85
24. For a *Ba'al Teshuvah* (Penitent) at the Grave of a *Tzaddik* / תְּפִלָּה לְבַעַל תְּשׁוּבָה לְיַד קֶבֶר צַדִּיק 86
25. At Grave of One Who Died for the Sanctification of God's Name / בַּעֲלִיָּה לְקֶבֶר שֶׁל נֶהֱרַג עַל קִדּוּשׁ הַשֵּׁם 87
26. Before the Wedding of One's Son or Daughter / לִפְנֵי חֲתוּנַּת בְּנוֹ אוֹ בִּתּוֹ 88
27. Upon Leaving a Cemetery / בִּיצִיאָה מִבֵּית הַקְּבָרוֹת 89

1
בִּכְנִיסָה לְבֵית הַקְּבָרוֹת

One who has not seen a Jew's grave within the past thirty days recites the following:

בָּרוּךְ אַתָּה יהוה, אֱלֹהֵינוּ מֶלֶךְ הָעוֹלָם, אֲשֶׁר יָצַר אֶתְכֶם בַּדִּין, וְזָן וְכִלְכֵּל אֶתְכֶם בַּדִּין, וְהֵמִית אֶתְכֶם בַּדִּין, וְיוֹדֵעַ מִסְפַּר כֻּלְּכֶם בַּדִּין, וְהוּא עָתִיד לְהַחֲיוֹתְכֶם וּלְקַיֵּם אֶתְכֶם בַּדִּין. בָּרוּךְ אַתָּה יהוה, מְחַיֵּה הַמֵּתִים.

אַתָּה גִּבּוֹר לְעוֹלָם אֲדֹנָי, מְחַיֵּה מֵתִים אַתָּה, רַב לְהוֹשִׁיעַ. מְכַלְכֵּל חַיִּים בְּחֶסֶד, מְחַיֵּה מֵתִים בְּרַחֲמִים רַבִּים, סוֹמֵךְ נוֹפְלִים, וְרוֹפֵא חוֹלִים, וּמַתִּיר אֲסוּרִים, וּמְקַיֵּם אֱמוּנָתוֹ לִישֵׁנֵי עָפָר. מִי כָמוֹךָ בַּעַל גְּבוּרוֹת, וּמִי דּוֹמֶה לָּךְ, מֶלֶךְ מֵמִית וּמְחַיֶּה, וּמַצְמִיחַ יְשׁוּעָה. וְנֶאֱמָן אַתָּה לְהַחֲיוֹת מֵתִים.

Upon reaching the grave, it is customary to place one's left hand on the monument and recite the following verses (*Isaiah* 58:11-12):

וְנָחֲךָ יהוה תָּמִיד וְהִשְׂבִּיעַ בְּצַחְצָחוֹת נַפְשֶׁךָ, וְעַצְמֹתֶיךָ יַחֲלִיץ, וְהָיִיתָ כְּגַן רָוֶה וּכְמוֹצָא מַיִם אֲשֶׁר לֹא יְכַזְּבוּ מֵימָיו. וּבָנוּ מִמְּךָ חָרְבוֹת עוֹלָם, מוֹסְדֵי דוֹר וָדוֹר תְּקוֹמֵם, וְקֹרָא לְךָ גֹּדֵר פֶּרֶץ מְשׁוֹבֵב נְתִיבוֹת לָשָׁבֶת.

FOR A MALE:	FOR A FEMALE
תִּשְׁכַּב בְּשָׁלוֹם וְתִישַׁן בְּשָׁלוֹם עַד בֹּא מְנַחֵם מַשְׁמִיעַ שָׁלוֹם.	תִּשְׁכְּבִי בְּשָׁלוֹם וְתִישְׁנִי בְּשָׁלוֹם עַד בֹּא מְנַחֵם מַשְׁמִיעַ שָׁלוֹם.

When placing one's hand on the monument, one should think of the verse וְנָחֲךָ, *"Hashem will guide you always,"* quoted above, which contains fifteen words, like the number of joints on the hand.

2
בַּעֲלִיָּה לְקֶבֶר אָב

בְּחֶשְׁכַּת הַקֶּבֶר הַזֶּה טְמוּנָה גְּוִיַּת אָבִי. כָּל מַחֲמַדֵּי אֲשֶׁר הָיוּ לִי מִימֵי קֶדֶם[1] פֹּה נִטְבָּעוּ. אָבִי הַיָּקָר אֲשֶׁר הָלַךְ בְּתוֹם וּבְמִישׁוֹר לְפָנֶיךָ רוּחוֹ הַקָּדוֹשׁ הִגְבִּיהַּ עוּף לְעוֹלָם הַנִּצְחִי. צְפַנְתָּהוּ בְּסֵתֶר כְּנָפֶיךָ סֶלָה.

אַשְׁרֵי לוֹ. לֹא זֹאת הָיְתָה הַמְּנוּחָה וְהַנַּחֲלָה בֵּין בְּנֵי תְמוּתָה. יָקָר בְּעֵינֵי יהוה הַמָּוְתָה לַחֲסִידָיו.[2] וַיִּתְהַלֵּךְ אֶת

1
Upon Entering a Cemetery

One who has not seen a Jew's grave within the past thirty days recites the following:

בָּרוּךְ Blessed are You, Hashem, our God, King of the universe, Who fashioned you with justice, nourished and sustained you with justice, took your lives with justice, knows the sum total of all of you with justice, and will restore and resuscitate you with judgment. Blessed are You, Hashem, Who resuscitates the dead.

אַתָּה You are eternally mighty, my Lord, the Resuscitator of the dead are You; abundantly able to save. He sustains the living with kindness, resuscitates the dead with abundant mercy, supports the fallen, heals the sick, releases the confined, and maintains His faith to those asleep in the dust. Who is like You, O Master of mighty deeds, and who is comparable to You, O King Who causes death and restores life and makes salvation sprout. And You are faithful to resuscitate the dead.

Upon reaching the grave, it is customary to place one's left hand on the monument and recite the following verses (Isaiah 58:11-12):

וְנָחֲךָ Hashem will guide you always, sating your soul in thirsty places, and rescuing your bones. And you shall be a like a watered garden, and like a never-failing spring of water. From you, the ancient ruins will be rebuilt; you will re-establish the structures of the generations. They will call you, "the one who repairs the breach and resettles the ways of civilization."

Then one says:

Lie in peace and rest in peace
until the coming of the Consoler Who will announce peace.

When placing one's hand on the monument, one should think of the verse "Hashem will guide you always," quoted above, which contains fifteen words, like the number of joints on the hand.

2
At One's Father's Grave

בְּחֶשְׁכַת In the darkness of this grave rests the body of my father. All the treasures which were mine from days of yore[1] are sunk here. The holy spirit of my dear father, who walked with integrity and uprightness before You, has soared into the eternal world. You shelter him under Your protective wings. Selah.

אַשְׁרֵי לוֹ Fortunate is he [now]. This was not the repose and the portion of mortal humans. "Precious in the eyes of Hashem is the death of His devout ones."[2] "And he walked with God

---
(1) Cf. *Lamentations* 1:7. (2) *Psalms* 116:15.

הָאֱלֹהִים וְאֵינֶנּוּ, כִּי לָקַח אֹתוֹ אֱלֹהִים.[1]

אַךְ עָלַי לִבִּי כָּל הַיּוֹם דָּוֶה. מַחְמַדִּי נִלְקַח, הוֹדִי וַהֲדָרִי מַחְמַד עֵינַי, וְלִבִּי מֶנִּי נֶעֱדָרָה. שַׁחוֹתִי נִדְכֵּיתִי עַד מְאֹד כָּל הַיּוֹם קוֹדֵר הִלָּכְתִּי. אֲהָהּ! כָּל יְקָר אָבַדְתִּי. כָּל עוֹד הָיָה אִתָּנוּ לֹא הָיִיתִי יוֹדֵעַ גֹּדֶל עֶרְכּוֹ לְהוֹקִיר אֹתוֹ וּלְכַבְּדוֹ כְּבֵן לְאָב. לֹא אָבִיתִי לִשְׁמוֹעַ לְקוֹל תּוֹכַחְתּוֹ. אָמְנָם אָנֹכִי חָטָאתִי – וּפֹה עַל אַדְמַת הַקֹּדֶשׁ הַזֹּאת אֶתְוַדֶּה עַל רוֹעַ מַעֲלָלַי. עָלַי הָיָה לְכַבֵּד אֹתוֹ בְּחַיָּיו וּבְמוֹתוֹ, כִּי אֲנִי בָּשָׂר מִבְּשָׂרוֹ וְעֶצֶם מֵעֲצָמָיו, וְהָיָה מְשֻׁתָּף בִּבְרִיאָתִי. וַאֲנִי, לֹא לְנַפְשִׁי לְבַד הֲרֵעוֹתִי כִּי גַם נֶגְדּוֹ פָּשַׁעְתִּי. תַּחַת אֲשֶׁר הָיָה לִי לְזַכּוֹתוֹ, לְהַעֲלוֹתוֹ מַעְלָה מַעְלָה לְרַב טוּב הַצָּפוּן, אֲנִי הֲרֵעוֹתִי אֶת מַעֲשַׂי וְכָזֹאת וְכָזֹאת עָשִׂיתִי.

אַךְ עַתָּה, אַחֲרֵי שׁוּבִי נִחַמְתִּי,[2] וְשַׂמְתִּי מַעֲשַׂי לְלִבִּי. אַחֲרֵי הִוָּדְעִי, סָפַקְתִּי עַל יָרֵךְ וְאָמַרְתִּי אֶעֱלֶה נָא אֶל הַר הָאֱלֹהִים וְאֶשְׁפּוֹךְ פֹּה לְבָבִי וְנַפְשִׁי. וַאֲבַקֵּשׁ רַחֲמִים מֵרָם עַל רָמִים כִּי רַבּוּ מְאֹד אַנְחוֹתַי וְכָל אֵבָרַי בְּקִרְבִּי נִתְפּוֹרָרוּ. אוּלַי יִשְׁמַע אֵל וְיֹאמַר, סָלַחְתִּי. וְהִנֵּה הֲרִימוֹתִי אֶת יָדַי אֶל יהוה בִּתְפִלָּה וְתַחֲנוּנִים אֶל אֵל רַחוּם וְחַנּוּן אֶרֶךְ אַפַּיִם נוֹצֵר חֶסֶד לָאֲלָפִים[3] הַמַּבִּיט מֵרֵאשִׁית אַחֲרִית. אוּלַי יִשָּׂא פָנַי לָשׂוּם לִי שְׁאֵרִית בָּאָרֶץ[4] וּלְהוֹצִיאֵנִי לַחָפְשִׁי מִדִּינִי. כִּי אָנֹכִי לֹא אוּכַל לְהִמָּלֵט הָהָרָה, פֶּן תִּדְבָּקַנִי הָרָעָה וָמַתִּי.[5]

אָנָּא, הָאֵל הָרַחֲמָן, הָסֵר מֶנִּי הַמּוֹנֵעַ לְמַעַן אוּכַל לְעָבְדְךָ בְּלֵבָב שָׁלֵם. עֵינֶיךָ יי הֲלֹא בְּמֶרְכַּז לֵב עַבְדְּךָ בְּמִסְתְּרֵי עֹמֶק מַצְפּוּנֵי יַבִּיטוּ. אִם גַּם עֵינֶיךָ רוּם יְשׁוּרוּ, הֲלֹא גַם לִקְטַנֵּי אֶרֶץ יִרְאוּ שָׁפָל וְיַבִּיטוּ לָעֹמֶק. אָנָּה, הֱיֵה עִם עַבְדְּךָ. אַל תַּעֲלֵנִי בַּחֲצִי יָמַי וַאֲרוּכָתִי מְהֵרָה תַצְמִיחַ. הַצִּילֵנִי מִכָּל צָרָה וְצוּקָה, וְעָוֹן וְאַשְׁמָה, וּמִכָּל הָעוֹמְדִים עָלַי לְהַזִּיקֵנִי וּמִכָּל שָׁעוֹת רָעוֹת הַמִּתְרַגְּשׁוֹת לָבֹא לָעוֹלָם. פְּתַח לִבִּי בְּתוֹרָתֶךָ. שִׂים בְּקִרְבִּי אַהֲבָתְךָ וְיִרְאָתֶךָ, וּתְנֵנִי לְחֵן וּלְחֶסֶד וּלְרַחֲמִים בְּעֵינֶיךָ וּבְעֵינֵי כָל רוֹאַי. חַזֵּק וְאַמֵּץ יָדַי לַעֲבוֹד עֲבוֹדָתְךָ וְלַעֲסוֹק בְּתוֹרָתֶךָ. הַזְמֵן פַּרְנָסָתִי וּפַרְנָסַת אַנְשֵׁי בֵיתִי בְּרֶוַח וּבְשֶׁפַע. וּתְהֵא תוֹרָתִי אוּמָּנוּתִי. וְגַם לַנֶּפֶשׁ הָעֲדִינָה הַזֹּאת מַלֵּא מִשְׁאֲלוֹתֶיהָ לְהַעֲלוֹתָהּ מַעְלָה מָעְלָה וְתָנוּחַ וְתַעֲמוֹד לְגוֹרָלָהּ לְקֵץ הַיָּמִין.

51 / PRAYERS UPON VISITING A CEMETERY

and is no longer, for God took him." [1]

אַךְ *But as for me, my heart grieves all day long. My treasure was taken, my glory and my splendor, and the treasure of my eyes and heart is missing from me. I am bent and crushed to the utmost, all day long I walk in gloom. Alas! I have lost all that is dear. As long as he was with us, I did not realize the fullness of his worth, to appreciate him and honor him, as a son should to a father. I did not want to hearken to the sound of his rebuke. In truth, I sinned — and here, upon this hallowed ground, I will confess the evilness of my deeds. It was my obligation to honor him during his lifetime and after his death, for I am flesh of his flesh and bones of his bones, and he was a partner in my creation. And, as for myself, not only have I wronged my own soul, but also against him have I sinned. Instead of providing merit for him, to elevate him higher and higher to the great good reserved [for the righteous], as I should have done, I perverted my actions and did such and such...*

אַךְ *But now, "I regret I and I repent,"* [2] *and I have taken my deeds to heart. Upon my realization, I was conscience-stricken and said, "Let me go up to the mountain of the Lord and here pour out my heart and my soul." I beg mercy from the Highest of the High for very great are my lamentations and all the limbs in my body have crumbled. Perchance God will hear and will say, "I have forgiven." Behold, I lift up my hands to Hashem in prayer and supplication to "the Lord, merciful and gracious, slow to anger, Who preserves kindness for thousands [of generations],"* [3] *and Who foresees the end from the beginning. Perhaps He will turn his countenance toward me, to grant me a remnant in the world* [4] *and to bring me forth in freedom from my judgment. "For I cannot escape to the mountain, lest evil will cling to me and I will die."* [5]

אָנָּא *Please, O merciful God, remove from me [any] hindrance so that I may serve You with a full heart. Your eyes, Hashem, can see through the innermost heart of Your servant; in the hidden depths of my conscience can they see. Though Your eyes look upon the highest, they also see the humble and the meek of the depths of the earth. I pray, be with Your servant. Do not take me away in the midst of my days, and let my healing speedily flower. Save me from all suffering and need, sin and guilt, from all who rise against me to do me harm and from all evil hours that surge upon the world. Open my heart in [the study of] Your Torah. Place within me love and reverence for You, and grant me grace, favor and mercy in Your eyes and in the eyes of all who see me. Strengthen and fortify my hand to serve You and to become engrossed in Your Torah. Grant me my livelihood and the livelihood of the members of my household with ease and abundance. May my Torah be my vocation. Fulfill also the yearnings of this sublime soul to be uplifted higher and higher that it may find tranquility and attain its destiny at the end of days.*

---

(1) *Genesis* 5:24. (2) *Jeremiah* 31:18. (3) *Exodus* 34:6-7. (4) Cf. *Genesis* 45:7. (5) 19:19.

רִבּוֹן כָּל הָעוֹלָמִים, יוֹשֵׁב הַכְּרוּבִים, הָאֵל הַמְפוֹאָר יהוה אֱלֹהֵי צְבָאוֹת. יְהִי רָצוֹן מִלְּפָנֶיךָ שֶׁתִּתֵּן לִי חֵלֶק טוֹב וְלֵב טוֹב וְנֶפֶשׁ שְׁפָלָה וְרוּחַ נְמוּכָה. וְאַל יִתְחַלֵּל בִּי שִׁמְךָ וְאַל תַּעֲשֵׂנִי שִׂיחָה בְּפִי הַבְּרִיּוֹת. וְאַל תְּהִיֶה אַחֲרִיתִי לְהַכְרִית וְתִקְוָתִי לְמַפַּח נֶפֶשׁ. וְאַל תַּצְרִיכֵנִי לִידֵי מַתְּנַת בָּשָׂר וָדָם כִּי אִם לְיָדְךָ הַמְּלֵאָה וְהַפְּתוּחָה הַקְּדוֹשָׁה וְהָרְחָבָה. וְתֵן חֶלְקִי בְּתוֹרָתֶךָ עִם עוֹשֵׂי רְצוֹנֶךָ בְּלֵבָב שָׁלֵם. וּתְזַכֵּנִי לִרְאוֹת בְּבִנְיַן בֵּיתְךָ בְּהוֹדוֹ וְתִפְאַרְתּוֹ בִּמְהֵרָה וּלְגַדֵּל בָּנִים וּבְנֵי בָנִים מְמֻלָּאִים וּמְזֹרָזִים בְּמִצְוֹת וּבַתּוֹרָה בַּעֲלֵי עוֹשֶׁר וְכָבוֹד בְּלִי שׁוּם מַחְסוֹר. וּפְדֵנִי וְשָׁמְרֵנִי מִכָּל גְּזֵרוֹת קָשׁוֹת וְרָעוֹת. וְהוֹשִׁיעֵנִי בְּרַחֲמֶיךָ הָרַבִּים וַחֲסָדֶיךָ הַמְרֻבִּים מִכָּל צָרָה וְצוּקָה. וּתְהֵא הַשְׁגָּחָתְךָ עָלַי תָּמִיד לְטוֹבָה לְעֵזֶר וּלְסֶמֶךְ בְּכָל מָקוֹם שֶׁאֵלֵךְ. וְדִבְרֵי יִהְיוּ רְצוּיִם לְפָנֶיךָ וּמְקֻבָּלִים בְּעֵינֵי הַבְּרִיּוֹת מֵעַתָּה וְעַד עוֹלָם.

אָנָּא, אֵל טוֹב וְסַלָּח, סְלַח לְכָל חַטֹּאתַי וּפְשָׁעַי, רְפָאֵנִי וְהוֹשִׁיעֵנִי. וְהָאֵר עֵינַי בְּתוֹרָתֶךָ וּבְמִצְוֹתֶיךָ. הַכְנַע אוֹיְבַי וְשׂוֹטְנַי תַּחְתָּי. שְׁבוֹר וּמַגֵּר כָּל הַקָּמִים עָלַי וְהַיּוֹעֲצִים עָלַי רָעָה. סְתוֹם פִּיּוֹת דּוֹבְרֵי רָעָתִי. הַצִּילֵנִי מִדִּין קָשֶׁה מִשְּׁבִי מֵחֶרֶב וּמִגָּלוּת וָחֳלָיִם רָעִים מֵאָדָם רָע מֵחָבֵר רָע מִשָּׁכֵן רָע וּמִשָּׂטָן הַמַּשְׁחִית. תֶּן לִי חֵן וָחֶסֶד וּמַלֵּא בְשָׁלוֹם מִסְפַּר יָמַי.[1] וְאִם יַגִּיעַ קִצִּי לְהִפָּטֵר מִן הָעוֹלָם יִהְיֶה יוֹם מִיתָתִי כְּיוֹם לֵדָתִי שֶׁלֹּא יִמָּצֵא בִי שׁוּם חֵטְא וְעָוֹן אַשְׁמָה וָרֶשַׁע. וּתְהֵא מִיתָתִי כַּפָּרָה עַל כָּל עֲוֹנוֹתַי. וְהַצִּילֵנִי מֵחִבּוּט הַקֶּבֶר. וְתָנוּחַ נַפְשִׁי בִּצְרוֹר הַחַיִּים וְצַדְּקֵנִי בְּיוֹם הַמִּשְׁפָּט.

אָנָּא, שְׁמַע נָא קוֹל תְּפִלָּתִי וְתֵיטִיב לִי כָּל הַחֲלוֹמוֹת שֶׁחָלַמְתִּי אֲנִי לְעַצְמִי וְשֶׁחָלְמוּ חֲבֵרַי עָלַי. וְהָבֵא עָלַי בִּרְכַּת כֹּהֲנִים. וּתְמַלֵּא כָּל מִשְׁאֲלוֹת לִבִּי לְטוֹבָה בִּזְכוּת כָּל הַצַּדִּיקִים וְהַחֲסִידִים הַקְּדוֹשִׁים וְהַקְּדוֹשׁוֹת הַנִּקְבָּרִים פֹּה וְהַנִּפְטָרִים עַל קְדֻשַּׁת שְׁמֶךָ, וּבִזְכוּת כָּל צַדִּיקֵי וַחֲסִידֵי עוֹלָם. יִהְיוּ לְרָצוֹן אִמְרֵי פִי וְהֶגְיוֹן לִבִּי לְפָנֶיךָ יהוה צוּרִי וְגוֹאֲלִי.[2]

53 / PRAYERS UPON VISITING A CEMETERY

רִבּוֹן Master of the universe, He who sits above the cherubs, the glorified God, Hashem, the Lord of Hosts. May it be Your will to grant me a good legacy and a good heart, a humble soul and lowly spirit. Do not let Your name be desecrated through me, and do not make me [the object of] talk in the mouths of Your creatures. Let not my end come prematurely nor let my hope turn into disappointment. May I never need to depend upon the gifts of mortal beings, but only on Your full, open, holy and ample hand. Grant me my portion in Your Torah with those who fulfill Your will with a full heart. Allow me the merit of seeing the rebuilding of Your house soon, in its glory and splendor, and to raise children and grandchildren, alert in the fulfillment of mitzvos and Torah, wealthy and honorable, without lacking anything. Redeem and guard me from all difficult and evil decrees. Save me with Your great mercy and abundant kindness from any distress and anguish. May Your providence constantly extend to me for good, as a source of aid and support wherever I will go. May my words be pleasing to You and be acceptable in the eyes of [Your] people, now and forever.

אָנָּא O good and forgiving God, forgive all my sins and transgressions, heal me and save me. Enlighten my eyes in Your Torah and mitzvos. Subdue my enemies and opponents under me. Crush and rout all who stand up against me and who plan to harm me. Seal the mouths of those who speak ill of me. Deliver me from a harsh judgment, from captivity, from the sword, from exile and serious illnesses, from an evil person, an evil friend, or an evil neighbor, and from a destructive adversary. Grant me grace and favor, and complete the number of my days in peace.[1] And when my time to leave the world will arrive, may the day of my death be similar to the day of my birth, that there shall not be found in me any sin, transgression, guilt or wrongdoing. May my death serve as an atonement for all my sins. Save me from the torment of the grave. May my soul rest in the bonds of eternal life, and justify me on the day of judgment.

אָנָּא I pray, hearken unto the voice of my prayer and turn to good all the dreams that I dreamt for myself and those that my friends dreamt for me. Bestow upon me the priestly blessing. Fulfill all the desires of my heart for good in the merit of all the righteous, pious and holy men and women who are buried here and who died to sanctify Your name, and in the merit of all righteous and pious people of the world. "May the expressions of my mouth and the thoughts of my heart find favor before You, Hashem, my Rock and my Redeemer."[2]

---

(1) Cf. *Exodus* 23:26. (2) *Psalms* 19:15.

3
בַּעֲלִיָּה לְקֶבֶר אֵם

פֹּה טְמוּנָה גְּוִיַּת אִמִּי אֲשֶׁר טִפְּחָה וְרִבְּתָה אֹתִי, וְנִצְטַעֲרָה כָּל יָמֶיהָ עִמָּדִי לְגַדְּלֵנִי, וְכָל מַחְסוֹרַי עָלֶיהָ הָיוּ. הִיא הִדְרִיכַתְנִי בְּדֶרֶךְ תּוֹרָה וְיִרְאַת יהוה. אֲהָהּ כִּי הָלְכָה בְּדֶרֶךְ כָּל הָאָרֶץ. נָפְלָה אֵם הַבָּנִים, עָזְבָה אֶת בָּנֶיהָ. וְלֹא נִשְׁאַר לִי כְּמוֹתָהּ מַנְהִיג רַחֲמָן אֲשֶׁר בְּכָל עֵת לְטוֹבָתִי הָיְתָה מְזֻמָּנָה. וְהִנֵּה עַתָּה כַּאֲשֶׁר צַר לִי, בָּאתִי הֵנָּה. הָלַכְתִּי שְׂדֵה בוֹכִים, אֶל בֵּית אִמִּי, אֶל חֶדֶר הוֹרָתִי. וְהִנֵּה הִיא לוּטָה בַּשִּׂמְלָה וְרוּחָהּ עָלָה לְמַעְלָה. שָׁלוֹם לָהּ, וְשָׁלוֹם לְנִשְׁמָתָהּ וּלְרוּחָהּ וּלְנַפְשָׁהּ. מִנָּשִׁים בָּאֹהֶל תְּבֹרָךְ[1] וּכְבוֹד יהוה יִזְרַח עָלֶיהָ. יֶהֱמוּ נָא רַחֲמֶיךָ עָלַי יהוה צוּרִי, שֶׁתִּשְׁמַע קוֹל תַּחֲנוּנָי.

אָנָּא נוֹרָא קָדוֹשׁ, סְלַח לְכָל חַטֹּאתַי וְסַפֵּק לִי מִשָּׁמֶיךָ בָּר וָלֶחֶם וּמָזוֹן, וְאַל תֶּחֱרַשׁ לְדִמְעָתִי. פְּדֵנִי מֵרֶדֶת שַׁחַת וְלֹא יֶחְסַר לַחְמִי. וְזַכֵּנִי לִרְאוֹת בָּנִים וּבְנֵי בָנִים עוֹסְקִים בַּתּוֹרָה וּבְמִצְוֹת וּבְיִרְאַת יהוה. וְעַל בִּרְכַּי יוּלְדוּ בְּנֵי שִׁלֵּשִׁים וְרִבֵּעִים אַנְשֵׁי חַיִל יִרְאֵי אֱלֹהִים.

4
לְבַעַל בַּעֲלִיָּה לְקֶבֶר אִשְׁתּוֹ (כְּשֶׁלֹּא נִישָּׂא מֵחָדָשׁ)

נֶפֶשׁ טְהוֹרָה עָלִית לְרוּם חֶבְיוֹן. נַפְשֵׁךְ בְּטוּב תָּלִין, וּמְדוֹרֵךְ עִם הַתְּמִימוֹת שָׂרָה רִבְקָה רָחֵל וְלֵאָה. אִשָּׁה כְּשֵׁרָה, בַּנָּשִׁים מְאֻשָּׁרָה, נְקִיָּה וּטְהוֹרָה. אֱלֹהִים יהוה נֶאְזָר בִּגְבוּרָה, יָשִׂים חֶלְקָהּ עִם שָׂרָה.

אִשָּׁה כְּשֵׁרָה, בַּנָּשִׁים חֲשׁוּקָה, נֵר שַׁבָּת הִדְלִיקָה כְּחֻקָּה. הָאֵל הַנִּקְדָּשׁ בִּצְדָקָה, יָשִׂים חֶלְקָהּ עִם רִבְקָה.

אִשָּׁה כְּשֵׁרָה, בַּנָּשִׁים נָאָה, חַלָּתָהּ קָצְצָה בִּמְלוֹאָהּ. הָאֵל אֲשֶׁר גָּאֹה גָּאָה, יָשִׂים חֶלְקָהּ עִם לֵאָה.

הָאֵל חוֹמֵל וּמוֹחֵל יִזְכָּר לָהּ רַחֲמָיו. עִם כְּבוּדוֹת וּצְנוּעוֹת נַחֲלָתָהּ תִּנְחַל, לִהְיוֹת מְנָתָהּ עִם רָחֵל.

3
At One's Mother's Grave

פֹּה טְמוּנָה *Here is buried the body of my mother who sustained and nurtured me, and who endured much pain all her days to raise me, and all my needs were upon her. She led me in the path of Torah and fear of Hashem. Alas, she has gone the way of all mortals. The mother of the children has fallen, she has left her children. For me, none like unto her is left, a compassionate leader always prepared to do good for me. Behold, now that I am in difficult straits, I have come here. I went to the vale of tears, to the house of my mother, to the chamber of my parent. Behold, she is garbed in a shroud, and her spirit has ascended above. Peace be unto her, and peace be unto her soul and spirit. "From amongst all the women in the tent is she blessed,"*[1] *and the glory of Hashem should shine upon her. May Your mercy be aroused for me, Hashem, my Rock, that You should hear the voice of my supplication.*

אָנָּא *Please, O Awesome and Holy One, forgive all of my sins and sustain me from your heavens with produce, bread and sustenance. Be not deaf to my tears. Redeem me from descending to the pit, and may I not lack my bread. Grant me the privilege to see children and grandchildren engaged in Torah, mitzvos and fear of Hashem. Upon my knees may three and four generations be born, people of valor who fear the Lord.*

4
At One's Wife's Grave (If Husband Did Not Remarry)

נֶפֶשׁ *Pure soul, you have risen to the heights of concealment. Your soul rests in comfort and your dwelling place is with the whole-hearted [matriarchs], Sarah, Rivkah, Rachel and Leah. A kosher woman, among women are you praised, clean and pure. Lord, Hashem, girded in strength, place her lot with Sarah.*

אִשָּׁה *A kosher woman, desirable among women, the Sabbath candle did she light in accordance with the law. O Lord, sanctified with righteousness, place her lot with Rivkah.*

אִשָּׁה *A kosher woman, pleasant among women, she abundantly shared her bread. O exalted God, place her lot with Leah.*

הָאֵל *O merciful and forgiving God, remember her with His compassion. Together with the honorable and pious women will she inherit her lot; her share will be with Rachel.*

---
(1) *Judges* 5:24.

אֵשֶׁת חַיִל, עֲטֶרֶת בַּעְלֵךְ. מַלְאֲכֵי רַחֲמִים יִפְתְּחוּ לָךְ שַׁעֲרֵי עֵדֶן וְתִתְעַדֵּן הַנְּשָׁמָה הַתְּמִימָה. וְתִרְאֶה אוֹרָה מֵאֵל נָאוֹר, אֲשֶׁר מֵעֵין כָּל חַי נֶעְלָמָה. וְאַתְּ כִּי נָסַעַתְּ לַמְּנוּחוֹת כִּגְזֵרַת קַדִּישִׁין וּבְמֵאמַר עִירִין. וְעָזַבְתְּ אוֹתָנוּ לַאֲנָחוֹת וּלְמִשְׁלַחַת גָּרִין. יְהִי נָא חַסְדֵּךְ עָלֵינוּ, לְהַמְשִׁיךְ בִּתְפִלָּתֵךְ חוּט שֶׁל חֶסֶד עָלֵינוּ. אַחֲרֵי כִּי יָדַעַתְּ כִּי אָדָם אֵין צַדִּיק בָּאָרֶץ[1] אֲשֶׁר אֵין כַּעֲסוֹ לִפְעָמִים יֵרֶץ, לְהַקְדִּים לְרַחֲמִים פָּנִים זְעוּמִים. וְאוּלַי הַכַּעַס הֵבִיא גַם אוֹתִי לִידֵי טָעוּת, לָתֵת בַּעֲקֶרֶת הַבַּיִת מִגְרַעַת, בְּהוֹנָאַת דְּבָרִים הַמְּבִיאִים לִידֵי דְמָעוֹת, אוֹ בִשְׁאָר גִּלְגּוּלֵי סִבּוֹת הַמְּבִיאִים לִידֵי תִגְרָאוֹת. מַחֲלִי נָא סִלְחִי נָא לִי הַהוֹנָאָה, וְאַל תִּזְכְּרִי לִי שׁוּם חוֹבָה. וּמַהֵר יְקַדְּמוּנִי רַחֲמַיִךְ, לַעֲמֹד בִּתְפִלָּה בִּשְׁבִילֵנוּ אֶת פְּנֵי יהוה אֱלֹהַיִךְ, הַמְחַיֶּה חַיִּים, אוֹמֵר וְעֹשֶׂה גּוֹזֵר וּמְקַיֵּם. שֶׁיִּגְדֹּר הַפִּרְצָה הַפְּרוּצָה, וִיבַטֵּל כָּל גְּזֵרָה חֲרוּצָה. וְיִתֵּן לָנוּ חַיִּים אֲרוּכִים בְּכָבוֹד וּבְעֹשֶׁר וּבְמִלּוּי וְלֹא בְחֹסֶר, כְּדֵי שֶׁאוּכַל לְפַרְנֵס זַרְעִי וּבְנֵי בֵיתִי, וּלְגַדְּלָם לַעֲבוֹדַת הַשֵּׁם כַּאֲשֶׁר עִם לְבָבִי וְדַעְתִּי. וְיִחְיוּ כָּל בְּנֵי בֵיתִי בְּשָׁלוֹם וּבְאַחֲוָה וּבְכָבוֹד וּבְהַצְלָחָה וּבְהַרְוָחָה.

שְׂאִי בַּעֲדִי רִנָּה וּתְפִלָּה, וְהַפְגִּיעִי שֶׁיַּצִּילֵנִי הָאֵל מִכָּל זַעַם וְצָרָה, וִיחַיֵּנִי לְאֹרֶךְ יָמִים וְשָׁנִים, וִימַלֵּא יָמַי בַּטּוֹב וּשְׁנוֹתַי בַּנְּעִימִים.[2] וְיִהְיוּ כָּל זַרְעִי וְזֶרַע זַרְעִי חֲסִידִים וּתְמִימִים, וְלֹא יִמָּצֵא בָהֶם שׁוּם שֶׁמֶץ וָדֹפִי וּפְגָמִים, וְלֹא יִצְטָרְכוּ לִבְנֵי אָדָם, וְלֹא יְצַפּוּ לְשֻׁלְחַן אֲחֵרִים, וְלֹא יִכָּנְעוּ תַּחַת זָרִים. קוּמִי קִרְאִי אֶל אֱלֹהַיִךְ, אַל תְּאַחֲרִי. הִתְפַּלְּלִי בַּעֲדֵנוּ וְאֶל אֵל שַׁחֲרִי. וְהוּא רַחוּם יְמַלֵּא בַקָּשָׁתֵךְ עֲבוּרֵנוּ, בִּזְכוּתֵךְ וּבִזְכוּת כָּל הַצַּדִּיקִים אֲבוֹתֵינוּ.

וְאַתְּ אֲהוּבָתִי גּוּפֵךְ יָנוּחַ בְּהַשְׁקֵט וְשָׁלוֹם. וְנִשְׁמָתֵךְ תֶּחֱסֶה בְשַׁלְוָה בַּמָּרוֹם. אָמֵן סֶלָה.

5

לְאִשָּׁה בַּעֲלִיָּה לְקֶבֶר בַּעֲלָהּ (כְּשֶׁלֹּא נִישְּׂאָה מֵחָדָשׁ)

שָׁלוֹם עָלֶיךָ, אַתָּה אִישִׁי וּבַעֲלִי. אֲשֶׁר הָיִיתָ בִּנְיַן בֵּיתִי וְשִׂמְחַת אָהֳלִי. הָיִיתָ מֵאִיר מַאֲפֵלִי וּמַנְהִיר מַחֲשַׁכִּי. הָיִיתָ לִי עֲטֶרֶת צְבִי וּרְפָאוֹת מַכְאוֹבִי. וְעַתָּה, שִׁמְשִׁי שָׁקְעָה, וְנִשְׁאַרְתִּי

57 / PRAYERS UPON VISITING A CEMETERY

אֵשֶׁת חַיִל *A woman of valor, you were the crown of your husband. The angels of mercy will open for you the gates of Eden and your pious soul will be delighted. You will see the radiant light from the enlightened God, which is hidden from all mortals. By decree of the Holy One and by word of the angels, you went to your rest. You have left us to grieve. May your kindness be upon us to bring divine grace to us by your continuing prayers. For you know that "there is no righteous person on earth"*[1] *whose anger does not at times overtake him and who greets mercy with an irate face. Perhaps anger has brought me also to err, to cause disadvantage to the mistress of the house by fraudulent words that bring tears or by the unfolding of [other] reasons that lead to conflict. Please pardon and forgive me for any deception, and do not remind me of any guilt. Speedily advance your compassion to stand in prayer on our behalf before the Lord, your God, Who brings life to the living, Who accomplishes His word and fulfills His decree. [Pray] that He might close the open breach and nullify every decree. May He grant unto us a long life, with honor, wealth, and abundance, not scarcity, so that I may provide adequately for my children and household and rear them in the service of God as is my intention and my desire. May all the members of my household live in peace and brotherhood, with honor, success and abundance.*

שְׂאִי *Lift up [your voice] in song and prayer on my behalf, and plead that the Lord rescue me from all fury and anguish, that He lengthen my days and years, and that He may fill my days with goodness and my years with pleasantness.*[2] *May all my children and grandchildren be pious and wholehearted, free from any particle of blemish, that they should never be in need [of gifts] from others, never depend on another's table, and never be subservient to strangers. Rise up and call to your God. Do not tarry. Pray for us, and to the Lord direct your supplication. He, the Merciful One, will fulfill your requests on our behalf, in your merit and the merit of all our righteous forefathers.*

וְאַתְּ *As for you, my beloved, may your body rest in peace and may your soul abide in divine heavenly tranquility. Amen. Selah.*

5
At One's Husband's Grave (If Wife Did Not Remarry)

שָׁלוֹם *Peace be unto you, my man and husband. You were the structure of my home and the joy of my tent. You illuminated my darkness and brightened my gloom. You were the crown of my glory and the remedy of my affliction. And now, my sun has set, and I have been left*

---
(1) *Ecclesiastes* 7:20. (2) Cf. *Job* 36:11.

בָּדָד וְגַלְמוּדָה. בְּבוֹאִי לְבֵיתִי וְאֶפְנֶה כֹּה וָכֹה וְאֶרְאֶה כִּי אֵין אִישׁ,[1] וְאוֹמַר אַיֶּכָּה. אֵיכָה עֲזַבְתַּנִי עֲזוּבָה וּשְׁכוּחָה אִשָּׁה עֲצוּבַת רוּחַ.

בָּכֹה אֶבְכֶּה וְדִמְעָתִי עַל לֶחֱיִי. אֵין לִי מְנַחֵם[2] וְלֹא מֵשִׁיב יְגוֹנִי. וָאָבֹא הַיּוֹם אֶל הָעַיִן[3] בָּבַת עֵינִי, אֶל נִקְרַת צוּר מְנוּחַת הֲדַר שְׂשׂוֹנִי. וּבִקַּשְׁתִּיו וְלֹא מְצָאתִיו.[4] אַךְ מִן הַמֵּצַר קְרָאתִיו,[5] וְאוֹמַר, שָׁלוֹם לְךָ וּלְנִשְׁמָתְךָ הַטְּהוֹרָה. בְּצֵל עֲנַן כָּבוֹד תִּהְיֶה שְׁמוּרָה. לָעַד וּלְנֶצַח תִּהְיֶה לְטוֹב זְכוּרָה.

וְהִנֵּה נָא רָאֹה תִרְאֶה וְזָכַרְתָּ אֶת אֲמָתֶךָ. וּרְאֵה עָנְיִי וְשִׁפְלוּתִי וּנְמִיכַת רוּחִי וְצָרוֹתַי. עַל מִי נָטַשְׁתָּ מְעַט הַצֹּאן הָהֵנָּה, כִּבְשׂוֹת צֹאנְךָ וְצֹאנִי אֲשֶׁר הִצַּבְתָּ לְבַדָּנָה.[6] נָסַעְתָּ אַתָּה לִמְנוּחוֹת וְעָזַבְתָּ אוֹתָנוּ לַאֲנָחוֹת. מִי יוֹרֶה דֵעָה וּמִי יָבִין שְׁמוּעָה, גְּמוּלֵי מֵחָלָב וְעַתִּיקֵי מִשָּׁדָיִם.[7] מִי יוֹרֶה לָנוּ דַּרְכֵי אֱלֹהִים חַיִּים. מִי יַדְרִיכֵנוּ בִּנְתִיב יֹשֶׁר, וּמִי יוֹרֶה לָנוּ שְׁעַת הַכֹּשֶׁר. וְעַל מִי הִבְטַחְתָּ אַלְמָנָתֶךָ. וּמִי יִבְנֶה בִּנְיַן בֵּיתֶךָ. וְאִם תִּדְמֶה מִיתַת אִשָּׁה עַל בַּעֲלָהּ כְּחֻרְבַּן הַבַּיִת בְּיָמָיו, הִנֵּה תִדְמֶה מִיתַת הַבַּעַל עַל אִשְׁתּוֹ כְּאִלּוּ נֶחֱרַב הָעוֹלָם וּמְרוֹמָיו. עַל כֵּן, רַחֵם עַל פְּלֵיטַת צֹאן יָדֶךָ.

וַעֲמֹד נָא בִּתְפִלָּה וּבְבַקָּשָׁה לִפְנֵי אֵל רָם וְנִשָּׂא אֲבִי יְתוֹמִים וְדַיַּן אַלְמָנוֹת, שֶׁיְּכַפֵּר עַל חַטֹּאתַי וְיִבְנֶה הֲרִיסוֹתַי, וְיָשִׂים צֳרִי לְמַכְאוֹבִי. וִירַחֵם עָלַי וְעַל טַפִּי אֲשֶׁר תָּלוּ בִי. וִינַחֵם אוֹתִי וִירַפֵּא כְאֵבִי, וְיָסִיר כָּל מַחֲלָה וְכָל נֶגַע מִקִּרְבִּי. וְיִישַּׁב בִּנְיַן בֵּיתִי הֶהָרוּס. וְלִרְעֵבִי לֶחֶם מָזוֹן וְצֵדָה יִפְרוֹס. וִיגַדְּלֵם כְּעֵץ אֶרֶז וּבְרוֹשׁ. וְיָאִיר מַאֲפֵלֵנוּ כְּסַהַר וָחֶרֶס. וְיַשְׁאִיר לָנוּ עָנָף וָשֹׁרֶשׁ, בָּנִים וּבְנֵי בָנִים חֲכָמִים וּנְבוֹנִים, נְשׂוּאֵי פָנִים, עוֹסְקִים בַּתּוֹרָה וּבְמִצְוֹת כָּל הַזְּמַנִּים, וּבַאֲרִיכוּת יָמִים וְשָׁנִים, בְּעוֹשֶׁר וְכָבוֹד עַל מֵי מְנוּחוֹת חוֹנִים.

וְאַתָּה, נִשְׁמָתְךָ הָאֲהוּבָה, תָּמִיד יִזְכְּרֶנָּה אֱלֹהִים לְטוֹבָה. וְגוּפְךָ יָנוּחַ פֹּה בִּמְנוּחָה, עַד כִּי תַעֲמֹד לִתְחִיָּה, לְשָׂשׂוֹן וּלְחֶדְוָה, אָמֵן.

59 / PRAYERS UPON VISITING A CEMETERY

alone and forlorn. When I enter my house and I turn here and there and see there is no man,[1] I say [to myself], Where are you? How have you left me, an abandoned, forgotten and grief-stricken woman!

בָּכֹה *I weep bitterly, and my tear is on my cheek. I have no comforter[2] and no one to relieve my sadness. "I have come today to the well,"[3] the pupil of my eye, to the crevice of the rock, the resting place of my delight and joy. "I have sought him but have not found him."[4] However, I called out for him from distress,[5] and I said, Peace be unto you and your pure soul. May you be protected in the shadow of the clouds of glory. You shall forever and for eternity be remembered for good.*

וְהִנֵּה *Please, behold, see and remember your maidservant. See my pain, humiliation, lonely spirit and distress. Upon whom have you left these few sheep, my lambs and yours, which you have left alone?[6] You have gone to your eternal rest and have left us to lament. "Who shall teach knowledge and give understanding to those who were weaned from their mother's milk?"[7] Who will instruct us in the paths of the living God? Who will lead us in the proper, straight path and teach us propriety? Upon whom have you entrusted your widow? And who is going to build your household? And, if the death of a wife to her husband is compared to the destruction of the Temple in its day, then surely the death of a husband to his wife is as if the entire world and its heights were destroyed. Therefore, have mercy on the remnant of your flock.*

וַעֲמֹד *Please rise up in prayer and petition before the high and lofty God, Father of the orphaned and Judge of the widows, that He may forgive me for my sins, build up my ruins, and place balm on my pain. May He have mercy on me and my children who are dependent upon me. Comfort me, heal my pain, and remove from me all illness and affliction. Rebuild my destroyed home. For my hunger provide bread, sustenance and food. Raise them [i.e., my children] like cedar and pine trees. Light up our darkness like a crescent and a sun. Leave for us a branch and a root, children and grandchildren, scholars and wise men, those who show favor, involved continuously in Torah and mitzvos, attaining long life, wealth and honor, dwelling in lush meadows.*

וְאַתָּה *And you, my beloved soul, may God always remember you for good. May your body rest here in peace, until such time that you will rise up for life, for joy and for happiness. Amen.*

---
(1) Cf. *Exodus* 2:12. (2) Cf. *Lamentations* 1:2. (3) *Genesis* 24:42.
(4) *Song of Songs* 3:1,2. (5) Cf. *Psalms* 118:5. (6) Cf. *Genesis* 21:29. (7) *Isaiah* 28:9.

6
בְּיוֹם הַשָּׁנָה (יָאהרְצַייט) לִפְטִירַת אֵם

אָנָּא, יהוה אֱלֹהַי. כְּבָר עָבְרוּ וְחָלְפוּ יָמִים וְשָׁנִים אֲשֶׁר עָלָה לְרָצוֹן לְפָנֶיךָ לָקַחַת אֶת אִמִּי הַיְקָרָה הַשָּׁמַיְמָה מֵעַל פְּנֵי הָאֲדָמָה. הָרוֹעָה מִנִּי נֶעְדָּרָה אֲשֶׁר שִׁבְטָהּ וּמִשְׁעַנְתָּהּ נִהֲלַנִי עַל מֵי מְנוּחוֹת.[1] פִּתְאוֹם יָדְךָ נָגְעָה בִּי. מַחְמַד עֵינַי נִלְקַח וְאָבְהֵל. עֵינַי מַיִם נָזְלוּ מִמַּעֲמַקֵּי לִבִּי. קְרָאתִיךָ אָבִי שֶׁבַּשָּׁמַיִם. אֵלֶיךָ נָשָׂאתִי אֶת עֵינַי.[2] עָמַדְתִּי מַרְעִיד לְפָנֶיךָ כִּבְנֵי עוֹרֵב אֲשֶׁר יִקְרָאוּ[3] לְבַקֵּשׁ מֵאֵל אָכְלָם. (כִּי נַעַר הָיִיתִי וְנֶעֱזָב בְּאֵין מַשְׁעֵן וּמַשְׁעֵנָה. נִשְׁבַּר מֶנִּי מַטֵּה לֶחֶם.[4]) כִּי כָבָה נֵרָהּ וְאָמַרְתִּי הֵן גֵּרַשְׁתָּ אֹתִי הַיּוֹם מֵעַל פְּנֵי הָאֲדָמָה.[5] אַךְ אִמִּי עֲזָבַתְנִי. אַתָּה יהוה אֲסַפְתָּנִי. נָתַתָּ לִי לֶחֶם לֶאֱכוֹל וּבֶגֶד לִלְבּוֹשׁ.[6] אָבַדְתִּי אֶת אִמִּי וּמְצָאתִיךָ. מָצָאתִי חֵן בְּעֵינֶיךָ.

אָבִי שֶׁבַּשָּׁמַיִם, יהוה אֱלֹהַי, הֵן יָדַעְתִּי נִשְׁמָתָהּ הַנְּקִיָּה עָלְתָה לַמָּרוֹם, לִמְקוֹם מַה נּוֹרָא, אֲשֶׁר שָׁם צַדִּיקִים יוֹשְׁבִים וְעַטְרוֹתֵיהֶם בְּרָאשֵׁיהֶם וִיקַבְּלוּ פְּרִי מַעֲשֵׂיהֶם וְנֶהֱנִים מִזִּיו הַשְּׁכִינָה. אָמְנָם, מִיּוֹם אֲשֶׁר מָלְאוּ יָמֶיהָ וְשָׁכְבָה עִם אֲבוֹתֶיהָ, לֹא נַחְתִּי, וְלֹא שָׁלַוְתִּי, וְלֹא שָׁקַטְתִּי,[7] לְהִתְנַחֵם עַל מוֹתָהּ, בְּזָכְרִי אֶת כָּל הַטּוֹב אֲשֶׁר גְּמָלָה עָלַי מִיּוֹם הִוָּלְדִי. הִיא הָיְתָה מְשֻׁתָּפָה בִּבְרִיאָתִי.[8] הִיא נָתְנָה לִי לַחְמִי וּמֵימַי נֶאֱמָנִים, פִּשְׁתִּי וְצַמְרִי.[9] הִיא הִדְרִיכַתְנִי בְּדֶרֶךְ תּוֹרָה וְיִרְאַת יהוה, לֶאֱהוֹב צְדָקָה, וְלִבְחוֹר בַּטּוֹב, וְלִמְאוֹס בָּרָע. מָצָאתִי אַהֲבָתָהּ בְּכָל עֵת. הִיא נִחֲמָה אוֹתִי וְדִבְּרָה עַל לִבִּי בְּפִגּוּעַ בִּי אֶחָד מִפִּגְעֵי הַזְּמַן. וְאִם נָזְלוּ עֵינַי דְּמָעוֹת, הִיא נִגְּבָתַם וַתָּנָד לִי.

וְעַתָּה אֵינֶנָּה פֹּה אִתָּנוּ הַיּוֹם.[10] הָלְכָה אֵלֶיךָ הַיּוֹשְׁבִי בַּשָּׁמַיִם. וְגַם שָׁם, בְּהִפָּרְדָהּ מֵעָלַי, גַּם שָׁם לֹא שְׁכֵחַתְנִי. בִּזְכוּתָהּ מְצָאַנִי כָּל הַטּוֹב. בַּעֲבוּרָהּ, הֲסִירוֹתָ מִמֶּנִּי כָּל צָרוֹת, וּפְגָעִים, וְכָל רָעָה אֲשֶׁר הָיָה נֶגֶד פָּנַי. אוּלָם, מֵעַל פְּנֵי הָאֲדָמָה, אַהֲבָתִי אָבַדְתִּי.

הֵן, הַיּוֹם, הִגִּיעַ הַתּוֹר אֲשֶׁר בְּלֵב נִשְׁבָּר וְנִדְכֶּה, פֹּה עֲזָבַתְנִי בְּאֵין מְנַחֵם. אֶזְכְּרָה, אֱלֹהִים, וְאֶהֱמָיָה[11] בַּיּוֹם הַזֶּה יוֹם חֹשֶׁךְ וַאֲפֵל, אֲשֶׁר בּוֹ הַגַּלְגַּל סִבֵּב חוֹבָתִי וְגָרַם מִפְעֲלוֹת יהוה אֲשֶׁר שָׂם לִי שַׁמּוֹת בָּאָרֶץ וְתִפְאַרְתִּי לָאָרֶץ הִשְׁלִיךְ.[12]

6
Upon One's Mother's Yahrtzeit

אָנָּא I pray unto You, Hashem, my God. Days and years have already passed and have gone by since it was Your will to take my dear mother to heaven from upon the face of this earth. The shepherdess, whose rod and staff led me beside the tranquil waters,[1] was taken from me. Suddenly, Your hand has touched me. The preciousness of my eye has been taken, and I have become confused. Wells of water flowed from the depths of my heart. I called out to You, my Father in Heaven; "to You I lifted my eyes."[2] I stood trembling before You, like the young ravens who call out[3] to seek their sustenance from God. (For I was a young abandoned lad, without any support. The staff of my bread was broken from me.[4]) For her light was extinguished, and I said, "Behold, You have banished me today from the face of the earth."[5] Although my mother has left me, You, Hashem, have gathered me in. You have provided me with food to eat and clothing to wear.[6] I have lost my mother and I have found You. I have found favor in Your eyes.

אָבִי My Father in Heaven, Hashem, my God, behold, I know that her untainted soul has ascended to heaven, to a place so awesome, where the righteous dwell, their crowns upon their heads, and receive reward for the fruits of their deeds and bask in the brilliance of the Divine Presence. However, from the time that her days were completed and she was laid to rest with her forefathers, I have not rested, been tranquil or calm[7] from being comforted over her death, when I remember all the good she bestowed upon me from the day I was born. She was a partner in my creation.[8] She faithfully provided me with my bread and my water, my flax and my wool.[9] She guided me in the path of Torah and fear of Hashem, to love charity, to choose good and despise evil. I felt her love at all times. She comforted me and alleviated my heart when any distress or misfortune came upon me. And if tears would stream down my eyes, she would wipe them dry and sympathetically nod to me.

וְעַתָּה But now she is not here with us today.[10] She has gone to You, Who dwells in Heaven. But even there, separated as she is from me, even there she has not forgotten me. In her merit much good has befallen me. Because of her, You have removed from me all pain, suffering and all evil that confronted me. Yet, I have lost my loved one from the face of the earth.

הֵן Indeed, today, the time has come that, with a broken and depressed heart, I am bereft without a comforter. "I remember, O Lord, and I moan"[11] [for] on this day of gloom and darkness the wheel has spun my misfortune and has caused the workings of Hashem to place me for desolation in the land and cast my glory to the ground.[12]

---
(1) Cf. *Psalms* 23:2,4. (2) 123:1. (3) Cf. 147:9. (4) Cf. *Ezekiel* 5:16, 14:13. (5) *Genesis* 4:14.
(6) Cf. 28:20. (7) Cf. *Job* 3:26. (8) See Tractate *Kidushin* 30b, Tractate *Nidah* 31a.
(9) Cf. *Hosea* 2:7. (10) Cf. *Deuteronomy* 29:14. (11) *Psalms* 77:4. (12) Cf. *Lamentations* 2:1.

אֶזְכְּרָה יָמִים מִקֶּדֶם בְּעוֹדָהּ בַּחַיִּים חַיָּתָה, בִּהְיוֹתִי רַךְ וְיָחִיד לְפָנֶיהָ, וַתּוֹרֵנִי וַתֹּאמֶר לִי, יִתְמוֹךְ דְּבָרַי לִבֶּךָ.[1] שְׁמוֹר מִצְוֹת אֱלֹהִים וֶחְיֵה. עִנֵּיתִי בַצּוֹם נַפְשִׁי[2] וְדִמְעוֹת עֵינַי. הֵן, אֵלֶּה, תִּקַּח נָא לְרָצוֹן, כִּי מָה אוּכַל לַעֲשׂוֹת עוֹד לְהָשִׁיב גְּמוּל עַל כָּל הַטּוֹב אֲשֶׁר גְּמָלַתְנִי. נִבְזֶה וַחֲדַל אִישִׁים אָנֹכִי.[3] לִבִּי מָלֵא תוֹדָה, רַק בְּפִי אֵין מִלָּה. הֲלֹא אַתָּה, יהוה, יָדַעְתָּ כֻלָּהּ.[4]

אַתָּה, יהוה, תְּצָרֵף מַחֲשָׁבָה לְמַעֲשֶׂה וְתַחְשְׁבֶהָ לִּי לִצְדָקָה[5] לִזְכוּתָהּ לְמַעְלָה. יֶעֱרַב נָא שִׂיחָתִי לְפָנֶיךָ, אָבִי שֶׁבַּשָּׁמַיִם. יֶעֱרַב נָא לְפָנֵי אִמִּי הַנִּטְמָנָה פֹּה בַּקֶּבֶר, אֲשֶׁר נִשְׁמָתָהּ הַטְּהוֹרָה מְאִירָה כַּנֵּר הַזֶּה אֲשֶׁר הִדְלַקְתִּי לְזִכְרוֹנָהּ, נֵר אֱלֹהִים נִשְׁמַת אָדָם.[6] שָׁם בְּגַן אֱלֹהִים תֵּשֵׁב, בְּמַעֲלוֹת קְדוֹשִׁים וּטְהוֹרִים, צַדִּיקִים וַחֲסִידִים, צְרוּרָה בִּצְרוֹר הַחַיִּים. שָׁם יָנוּחַ צֵל הַקָּדוֹשׁ בְּקִרְבַת אֱלֹהָיו תַּחַת עֵץ הַחַיִּים. הֵן, רַק טוּבִי חָפְצָה בִּהְיוֹתָהּ בַּחַיִּים, וְגַם בְּמוֹתָהּ לֹא תִשְׁכָּחֵנִי בְּחַיִּים הַנִּצְחִיִּים.

יָגֵן זְכוּתָהּ עָלַי לְפָנֶיךָ, אֵל רָם וְנִשָּׂא, שֶׁתַּהֲפוֹךְ אֶבְלִי לְשָׂשׂוֹן וְתָרִים קַרְנִי עַד עוֹלָם. וּתְבָרְכֵנִי בְּכָל מִינֵי בְרָכוֹת, הַצְלָחָה, וְטוֹבָה, וְחַיִּים, וּתְנַחֲמֵנִי בְּנֶחָמַת צִיּוֹן. וְעַצְמוֹתֶיהָ פֹּה תְנוּחֶינָה וְתַעֲמוֹד לְגוֹרָלָהּ לְקֵץ הַיָּמִין. אָמֵן.

7

בְּיוֹם הַשָּׁנָה (יָאהרְצַייט) לִפְטִירַת אָב

אָנָּא, יהוה אֱלֹהַי. כְּבָר עָבְרוּ וְחָלְפוּ יָמִים וְשָׁנִים אֲשֶׁר עָלָה לְרָצוֹן לְפָנֶיךָ לָקַחַת אֶת אָבִי הַיָּקָר הַשָּׁמַיְמָה מֵעַל פְּנֵי הָאֲדָמָה. הָרוֹעֶה מִנִּי נְעֻרַי אֲשֶׁר שִׁבְטוֹ וּמִשְׁעַנְתּוֹ נִהֲלָנִי עַל מֵי מְנוּחוֹת.[7] פִּתְאוֹם יָדְךָ נָגְעָה בִּי. מַחְמַד עֵינַי נִלְקַח וְאֶבְהַל. עֵינַי מַיִם נָזְלוּ מִמַּעֲמַקֵּי לִבִּי. קְרָאתִיךָ אָבִי שֶׁבַּשָּׁמַיִם. אֵלֶיךָ נָשָׂאתִי אֶת עֵינַי.[8] עָמַדְתִּי מַרְעִיד לְפָנֶיךָ כִּבְנֵי עוֹרֵב אֲשֶׁר יִקְרָאוּ[9] לְבַקֵּשׁ מֵאֵל אָכְלָם. (כִּי נַעַר הָיִיתִי וְנֶעֱזָב בְּאֵין מַשְׁעֵן וּמַשְׁעֵנָה. נִשְׁבְּרָה מִנִּי מַטֵּה לֶחֶם.[10]) כִּי כָבָה נֵרוֹ וְאָמַרְתִּי הֵן גֵּרַשְׁתָּ אֹתִי הַיּוֹם מֵעַל פְּנֵי הָאֲדָמָה.[11] אַךְ אָבִי עֲזָבַנִי. אַתָּה יהוה אֲסַפְתָּנִי. נָתַתָּ לִי לֶחֶם לֶאֱכוֹל וּבֶגֶד לִלְבּוֹשׁ.[12] אָבַדְתִּי אֶת אָבִי וּמְצָאתִיךָ. מָצָאתִי חֵן בְּעֵינֶיךָ.

אֶזְכְּרָה I remember the days of yore when she was still in the fullness of life, when I was tender and alone before her, when she guided me and said to me, "May your heart uphold my words.[1] Heed the mitzvos of the Lord and you will live." "I afflicted myself with fasting"[2] and the tears of my eyes. These, please, accept favorably, for what more can I do to recompense for all the good that she bestowed upon me. I am "a shameful and worthless individual."[3] My heart is filled with thanksgiving, yet my mouth cannot utter a word. Behold, You, Hashem, know everything.[4]

אַתָּה You, Hashem, combine thought with deed and credit it to me as righteousness[5] to be for her merit above. May my speech be pleasant before You, my Father in Heaven. May it be pleasant before my mother who is buried here in the grave, whose pure soul radiates like this candle that I lit in her memory [for] "The candle of the Lord is the soul of man."[6] There in Gan Eden she shall dwell, in the lofty heights of the holy and pure, the righteous and the pious, bound in the bond of eternal life. There may the holy shadow rest close to its Lord beneath the Tree of Life. Behold, in her lifetime she desired only my good, and also in her death she should not forget me in the eternal life.

יָגֵן May her merit shield me before You, exalted and uplifted God, that You should transform my mourning to joy and uplift my radiance forever. Bless me with all types of blessings, success, goodness and life, and comfort me with the consolation of Zion. May her last earthly remains repose here and may she rise to her share at the end of days. Amen.

7
Upon One's Father's Yahrtzeit

אָנָּא I pray unto You, Hashem, my God. Days and years have already passed and have gone by since it was Your will to take my dear father to heaven from upon the face of this earth. The shepherd, whose rod and staff have led me beside the tranquil waters,[7] was taken from me. Suddenly, Your hand has touched me. The preciousness of my eye has been taken, and I have become confused. Wells of water flowed from the depths of my heart. I called out to You, my Father in Heaven; "to You I lifted my eyes."[8] I stood trembling before You, like the young ravens who call out[9] to seek their sustenance from God. (For I was a young abandoned lad, without any support. The staff of my bread was broken from me.[10]) For his light was extinguished, and I said, "Behold, You have banished me today from the face of the earth."[11] Although my father has left me, You, Hashem, have gathered me in. You have provided me with food to eat and clothing to wear.[12] I have lost my father and I have found You; I have found favor in Your eyes.

---

(1) Cf. Proverbs 4:4. (2) Psalms 35:13. (3) Isaiah 53:3. (4) Cf. Psalms 139:4. (5) Cf. Genesis 15:6. (6) Proverbs 20:27. (7) Cf. Psalms 23:2,4. (8) 123:1. (9) Cf. 147:9. (10) Cf. Ezekiel 5:16, 14:13. (11) Genesis 4:14. (12) Cf. 28:20.

אָבִי שֶׁבַּשָּׁמַיִם, יהוה אֱלֹהַי, הֵן יָדַעְתִּי נִשְׁמָתוֹ הַנְּקִיָּה עָלְתָה לַמָּרוֹם, לִמְקוֹם מַה נּוֹרָא, אֲשֶׁר שָׁם צַדִּיקִים יוֹשְׁבִים וְעַטְרוֹתֵיהֶם בְּרָאשֵׁיהֶם וִיקַבְּלוּ פְּרִי מַעֲשֵׂיהֶם וְנֶהֱנִים מִזִּיו הַשְּׁכִינָה. אָמְנָם, מִיּוֹם אֲשֶׁר מָלְאוּ יָמָיו וְשָׁכַב עִם אֲבוֹתָיו, לֹא נַחְתִּי, וְלֹא שָׁלַוְתִּי, וְלֹא שָׁקַטְתִּי,[1] לְהִתְנַחֵם עַל מוֹתוֹ, בְּזָכְרִי אֶת כָּל הַטּוֹב אֲשֶׁר גָּמַל עָלַי מִיּוֹם הִוָּלְדִי. הוּא הָיָה מְשֻׁתָּף בִּבְרִיאָתִי.[2] הוּא נָתַן לִי לַחְמִי וּמֵימַי נֶאֱמָנִים, פִּשְׁתִּי וְצַמְרִי.[3] הוּא הִדְרִיכַנִי בְּדֶרֶךְ תּוֹרָה וְיִרְאַת יהוה, לֶאֱהוֹב צְדָקָה, וְלִבְחוֹר בַּטּוֹב, וְלִמְאוֹס בָּרָע. מָצָאתִי אַהֲבָתוֹ בְּכָל עֵת. הוּא נִחַם אוֹתִי וְדִבֵּר עַל לִבִּי בִּפְגוֹעַ בִּי אֶחָד מִפִּגְעֵי הַזְּמַן. וְאִם נָזְלוּ עֵינַי דְּמָעוֹת, הוּא נִגְּבָם וַיָּנָד לִי.

וְעַתָּה אֵינֶנּוּ פֹּה אִתָּנוּ הַיּוֹם.[4] הָלַךְ אֵלֶיךָ הַיּוֹשְׁבִי בַּשָּׁמָיִם. וְגַם שָׁם, בְּהִפָּרְדוֹ מֵעָלַי, גַּם שָׁם לֹא שְׁכֵחָנִי. בִּזְכוּתוֹ מְצָאַנִי כָּל הַטּוֹב. בַּעֲבוּרוֹ הֲסִירוֹתָ מִמֶּנִּי כָּל צָרוֹת, וּפְגָעִים, וְכָל רָעָה אֲשֶׁר הָיָה נֶגֶד פָּנָי. אוּלָם, מֵעַל פְּנֵי הָאֲדָמָה אֹהֲבִי אָבַדְתִּי.

הֵן, הַיּוֹם, הִגִּיעַ הַתּוֹר אֲשֶׁר בְּלֵב נִשְׁבָּר וְנִדְכֶּה, פֹּה עֲזָבַנִי בְּאֵין מְנַחֵם. אֶזְכְּרָה, אֱלֹהִים, וְאֶהֱמָיָה[5] בַּיּוֹם הַזֶּה יוֹם חֹשֶׁךְ וָאֹפֶל, אֲשֶׁר בּוֹ הַגַּלְגַּל סִבֵּב חוֹבָתִי וְגָרַם מִפְעֲלוֹת יהוה אֲשֶׁר שָׂם לִי שַׁמּוֹת בָּאָרֶץ וְתִפְאַרְתִּי לָאָרֶץ הִשְׁלִיךְ.[6]

אֶזְכְּרָה יָמִים מִקֶּדֶם בְּעוֹדוֹ בַּחַיִּים חַיָּתוֹ, בִּהְיוֹתִי רַךְ וְיָחִיד לְפָנָיו, וַיּוֹרֵנִי וַיֹּאמֶר לִי, יִתְמוֹךְ דְּבָרַי לִבֶּךָ.[7] שְׁמוֹר מִצְוֹת אֱלֹהִים וֶחְיֵה. עִנֵּיתִי בַצּוֹם נַפְשִׁי[8] וְדִמְעוֹת עֵינַי. הֵן, אֵלֶּה, יִקַּח נָא לְרָצוֹן, כִּי מָה אוּכַל לַעֲשׂוֹת עוֹד לְהָשִׁיב גְּמוּל עַל כָּל הַטּוֹב אֲשֶׁר גְּמָלַנִי. נִבְזֶה וַחֲדַל אִישִׁים אָנֹכִי.[9] לִבִּי מָלֵא תוֹדָה, רַק בְּפִי אֵין מִלָּה. הֲלֹא אַתָּה, יהוה, יָדַעְתָּ כֻלָּהּ.[10]

אַתָּה, יהוה, תְּצָרֵף מַחֲשָׁבָה לְמַעֲשֶׂה וְתַחְשְׁבֶהָ לִּי לִצְדָקָה[11] לִזְכוּתוֹ לְמַעְלָה. יֶעֱרַב נָא שִׂיחָתִי לְפָנֶיךָ, אָבִי שֶׁבַּשָּׁמָיִם. יֶעֱרַב נָא לִפְנֵי אָבִי הַנִּטְמָן פֹּה בַּקֶּבֶר, אֲשֶׁר נִשְׁמָתוֹ הַטְּהוֹרָה מְאִירָה כַּנֵּר הַזֶּה אֲשֶׁר הִדְלַקְתִּי לְזִכְרוֹנוֹ, נֵר אֱלֹהִים נִשְׁמַת אָדָם.[12] שָׁם בְּגַן אֱלֹהִים יֵשֵׁב, בְּמַעֲלוֹת קְדוֹשִׁים וּטְהוֹרִים, צַדִּיקִים וַחֲסִידִים, צָרוּר בִּצְרוֹר הַחַיִּים. שָׁם יָנוּחַ צֵל הַקָּדוֹשׁ בְּקִרְבַת

65 / PRAYERS UPON VISITING A CEMETERY

אָבִי My Father in Heaven, Hashem, my God, behold I know that his untainted soul has ascended to heaven, to a place so awesome, where the righteous dwell, their crowns upon their heads, and receive reward for the fruits of their deeds and bask in the brilliance of the Divine Presence. However, from the time that his days were completed and he was laid to rest with his forefathers, I have not rested, been tranquil or calm[1] from being comforted over his death, when I remember all the good he bestowed upon me from the day I was born. He was a partner in my creation.[2] He faithfully provided me with my bread and my water, my flax and my wool.[3] He guided me in the path of Torah and fear of Hashem, to love charity, to choose good and despise evil. I felt his love at all times. He comforted me and alleviated my heart when any distress or misfortune came upon me. And if tears would stream down my eyes, he would wipe them dry and sympathetically nod to me.

וְעַתָּה But now he is not here with us today.[4] He has gone to You, Who dwells in Heaven. But even there, separated as he is from me, even there he has not forgotten me. In his merit much good has befallen me. Because of him, You have removed from me all pain, suffering and all evil that confronted me. Yet, I have lost my loved one from the face of the earth.

הֵן Indeed, today the time has come that, with a broken and depressed heart, I am bereft without a comforter. "I remember, O Lord, and I moan"[5] [for] on this day of gloom and darkness the wheel has spun my misfortune and has caused the workings of Hashem to place me for desolation in the land and cast my glory to the ground.[6]

אֶזְכְּרָה I remember the days of yore when he was still in the fullness of life, when I was tender and alone before him, when he guided me and said to me "May your heart uphold my words.[7] Heed the mitzvos of the Lord and you will live." "I afflicted myself with fasting"[8] and the tears of my eyes. These, please, accept favorably, for what more can I do to recompense for all the good that he bestowed upon me. I am "a shameful and worthless individual."[9] My heart is filled with thanksgiving, yet my mouth cannot utter a word. Behold, You, Hashem, know everything.[10]

אַתָּה You, Hashem, combine thought with deed and credit it to me as righteousness[11] to be for his merit above. May my speech be pleasant before You, my Father in Heaven. May it be pleasant before my father who is buried here in the grave, whose pure soul radiates like this candle that I lit in his memory [for] "The candle of the Lord is the soul of man."[12] There in Gan Eden he shall dwell, in the lofty heights of the holy and the pure, the righteous and the pious, bound in the bond of eternal life. There may the holy shadow rest close to

---
(1) Cf. *Job* 3:26. (2) See Tractate *Kidushin* 30b, Tractate *Nidah* 31a. (3) Cf. *Hosea* 2:7.
(4) Cf. *Deuteronomy* 29:14. (5) *Psalms* 77:4. (6) Cf. *Lamentations* 2:1. (7) Cf. *Proverbs* 4:4.
(8) *Psalms* 35:13. (9) *Isaiah* 53:3. (10) Cf. *Psalms* 139:4. (11) Cf. *Genesis* 15:6. (12) *Proverbs* 20:27.

אֱלֹהָיו תַּחַת עֵץ הַחַיִּים. הֵן רַק טוּבִי חָפֵץ בִּהְיוֹתוֹ בַּחַיִּים, וְגַם בְּמוֹתוֹ לֹא יִשְׁכָּחֵנִי בַּחַיִּים הַנִּצְחִיִּים.

יָגֵן זְכוּתוֹ עָלַי לְפָנֶיךָ, אֵל רָם וְנִשָּׂא, שֶׁתַּהֲפוֹךְ אֶבְלִי לְשָׂשׂוֹן וְתָרִים קַרְנִי עַד עוֹלָם. וּתְבָרְכֵנִי בְּכָל מִינֵי בְרָכוֹת, הַצְלָחָה, וְטוֹבָה, וְחַיִּים, וּתְנַחֲמֵנִי בְּנֶחָמַת צִיּוֹן. וְעַצְמוֹתָיו פֹּה תְּנוּחֶינָה וְיַעֲמוֹד לְגוֹרָלוֹ לְקֵץ הַיָּמִין. אָמֵן.

8
לְפַרְנָסָה

יְהִי רָצוֹן מִלְּפָנֶיךָ, יהוה אֱלֹהֵינוּ וֵאלֹהֵי אֲבוֹתֵינוּ, שֶׁיִּהְיוּ מְזוֹנוֹתַי וּפַרְנָסָתִי, וּמְזוֹנוֹת וּפַרְנָסַת אַנְשֵׁי בֵיתִי, וּבֵית כָּל עַמְּךָ יִשְׂרָאֵל מְסוּרִים בְּיָדֶךָ. וְאַל תַּצְרִיכֵנִי לֹא לִידֵי מַתְּנַת בָּשָׂר וָדָם וְלֹא לִידֵי הַלְוָאָתָם כִּי אִם לְיָדְךָ הַמְּלֵאָה, הַפְּתוּחָה, הַקְּדוֹשָׁה, וְהָרְחָבָה.[1] וּתְהֵא מְלַאכְתִּי וְכָל עֲסָקַי לִבְרָכָה וְלֹא לַעֲנִיּוּת, לְחַיִּים וְלֹא לַמָּוֶת. וּתְזַכֵּנִי שֶׁלֹּא יִתְחַלֵּל שֵׁם שָׁמַיִם עַל יָדִי. וְאֶהְיֶה מִן הַמּוֹעִילִים וְהַמַּשְׁפִּיעִים טוֹב לְכָל אָדָם תָּמִיד.

וּתְמַלֵּא יָדַי מִבִּרְכוֹתֶיךָ. שַׂבְּעֵנוּ מִטּוּבֶךָ כְּמוֹ שֶׁעָשִׂיתָ לְיוֹצְאֵי מִצְרָיִם. כִּי אַתָּה, יהוה, אֶת אֲשֶׁר בֵּרַכְתָּ, הוּא מְבוֹרָךְ לְעוֹלָם. עֵינֵי כֹל אֵלֶיךָ יְשַׂבֵּרוּ וְאַתָּה נוֹתֵן לָהֶם אֶת אָכְלָם בְּעִתּוֹ. פּוֹתֵחַ אֶת יָדֶךָ וּמַשְׂבִּיעַ לְכָל חַי רָצוֹן.[2] וְנֶאֱמַר, הַשְׁלֵךְ עַל יהוה יְהָבְךָ, וְהוּא יְכַלְכְּלֶךָ. לֹא יִתֵּן לְעוֹלָם מוֹט לַצַּדִּיק.[3]

יָגֵן נָא זְכוּת הַקְּדוֹשִׁים הַטְּמוּנִים פֹּה בַּעֲדִי, לְפָנֶיךָ, יהוה, צוּרִי, שֶׁתָּרִים קַרְנִי לְמַעַן אוּכַל לְעָבְדְךָ בְּלֵבָב שָׁלֵם כָּל יְמֵי עוֹלָם. וְאֶזְכֶּה לְגַדֵּל בָּנַי וּבְנוֹתַי לְתוֹרָתֶךָ וּלְיִרְאָתֶךָ כָּל הַיָּמִים. וְנִהְיֶה אֲנִי וּבְנֵי בֵיתִי נוֹשְׂאֵי חֵן וְשֵׂכֶל טוֹב בְּעֵינֶיךָ וּבְעֵינֵי כָּל רוֹאֵינוּ. אָמֵן.

9
לְתַחֲלוּאֵי יְלָדִים

רִבּוֹן כָּל הָעוֹלָמִים אֲשֶׁר יָצַרְתָּ אֶת הָאָדָם מִבָּשָׂר וָדָם, רַחֵם נָא עַל עֲנִיֵּי הַצֹּאן, הַיְלָדִים הַקְּטַנִּים, רַכֵּי הַשָּׁנִים. אִלּוּ הֵן הַלּוֹקִין, וּבְחַטֹּאת עֲבָדֶיךָ מֻכִּים, שֶׁלֹּא יִמַּקּוּ, חָלִילָה, בַּעֲוֹן

its Lord beneath the Tree of Life. Behold, in his lifetime he desired only my good, and also in his death he should not forget me in the eternal life.

יָגֵן May his merit protect me before You, exalted and uplifted God, that You should transform my mourning to joy and uplift my raidance forever. Bless me with all the types of blessings, success, goodness, and life, and comfort me with the consolation of Zion. May his last earthly remains repose here and may he rise to his share at the end of days. Amen.

8
For Sustenance

יְהִי רָצוֹן May it be Your will, Hashem, Our God and God of our fathers, that the provision of sustenance and maintenance for me, for my family, and for all Israel be committed to Your hands. May I never need the gifts of human hands nor their loans, but only that from Your hand that is full, open, holy and generous.[1] May my work and occupations lead to a blessing and never to poverty, to life and not to death. Grant me the privilege that Your Divine Name may not be desecrated by me. May I always be among those who are helpful and a good influence upon all people.

וּתְמַלֵּא Fill my hands with Your blessings. Satisfy us from Your goodness even as You did for those liberated from Egypt. For whomever You, Hashem, bless, is blessed forever. "The eyes of all look to You with hope and You give them their food in its proper time. You open Your hand and satisfy the desire of every creature."[2] As it is said, "Cast your burden upon Hashem, and He will sustain you. He will never suffer the righteous to be moved."[3]

יָגֵן May the merit of the holy ones buried here protect me. Before You, Hashem, my Rock, [I pray] that You uplift my strength that I should be able to serve You with a perfect heart forever. May I be privileged to raise my sons and daughters to be dedicated to Your Torah and to revere You always. May I and all my family find grace and wisdom in Your eyes and in the eyes of all who behold us. Amen.

9
On Behalf of Sick Children

רִבּוֹן Ruler of all the worlds Who has created man from flesh and blood, [I pray] have mercy on the poor sheep, the small children, young in years. These are the afflicted ones, because of the sins of Your servants, they are smitten; they should not, God forbid, be obliterated for the sins

---

(1) Cf. *Bircas ha-Mazon*. (2) *Psalms* 145:15-16. (3) 55:23.

אֲבוֹתָם. שְׁלַח לָהֶם רְפוּאָה שְׁלֵמָה וּמַלֵּט אוֹתָם מִכָּל רָע. צַוֵּה יְשׁוּעוֹת יַעֲקֹב,[1] וְהַצֵּל מִמָּוֶת נַפְשָׁם, וְלֹא תִתֵּן הַמַּשְׁחִית לָבֹא אֶל בָּתֵּינוּ.[2] תֵּן לָהֶם חַיִּים טוֹבִים וַאֲרוּכִים. חֶסֶד חִנָּם עֲשֵׂה לָנוּ, וֶאֱזוֹר חַיִל לַנִּכְשָׁלִים. הַעֲבֵר נָא דִּינְךָ מֵהֶם וּמַלֵּא אֶת מִסְפַּר יְמֵיהֶם, כִּי עִמְּךָ הַחֶסֶד וְהַצֶּדֶק. תַּכְאִיב וְתִמְחַץ, וְיָדְךָ תִּרְפָּאֶנָּה.

צַדִּיק אַתָּה עַל כָּל הַבָּא. לָנוּ הַסִּבָּה עַל כָּל אֲשֶׁר מְצָאַתְנוּ. אָמְנָם, יָדֵינוּ פְּרוּשׂוֹת הַשָּׁמַיְמָה, וְעֵינֵינוּ לְךָ תְּלוּיוֹת. זְכוּת אָבוֹת הָרִאשׁוֹנִים הַצַּדִּיקִים תִּזְכּוֹר לַבָּנִים. וְאַהֲבַת יְשֵׁנֵי אַדְמַת עָפָר יְכַפֵּר עֲלֵיהֶם. וְאֵלֶּה הַמְיוּסָּרִים בַּעֲוֹן אֲבוֹתָם, רַחֵם עַל הָאָבוֹת וְהַבָּנִים אִתָּם. וְסָלַחְתָּ לַאֲשֶׁר חָטְאוּ, עָווּ, וּפָשְׁעוּ לָךְ, וְתוֹסִיף יָמִים עַל יְמֵיהֶם וְתַאֲרִיךְ שְׁנוֹתָם. שְׁלַח אֲרֻכָה וּמַרְפֵּא לְמַכָּתָם. יְהִי נָא חַסְדְּךָ עָלֵינוּ, יהוה אֱלֹהֵינוּ. אַל תַּעַשׂ עִמָּנוּ כָּלָה כְּחַטֹּאתֵינוּ. וּזְכוּת הַרְרֵי קֹדֶשׁ יָגֵן עֲלֵיהֶם וְעָלֵינוּ. רְאֵה, יהוה, וְהַבִּיטָה, לְרַחֵם עַל יֶתֶר הַפְּלֵטָה. וּזְכוּת כָּל הַצַּדִּיקִים וְהַחֲסִידִים יַעֲמוֹד בֵּין הַמֵּתִים וּבֵין הַחַיִּים וְתֵעָצֵר הַמַּגֵּפָה,[3] לְמַעַן יִגְדְּלוּן לַעֲבוֹדָתֶךָ. וְיֵדַע כָּל בָּשָׂר כִּי אַתָּה הוּא הָאֱלֹהִים וְאֵין בִּלְתֶּךָ. וְיִרְבּוּ יְמֵיהֶם עַל הָאֲדָמָה, וְיָשׁוּבוּ וְיִחְיוּ בְּצִלָּךְ.

אָנָּא, הָסֵר מִמֶּנּוּ, וּמִבָּתֵּינוּ, וּמִבֵּית כָּל עַמְּךָ בֵּית יִשְׂרָאֵל, בְּכָל מָקוֹם שֶׁהֵם, דֶּבֶר, וְחֶרֶב, וְרָעָב, וּשְׁבִי, וּמַשְׁחִית, וּמַגֵּפָה, שָׂטָן, וְיֵצֶר הָרַע, וַחֲלָאִים רָעִים — וְקַיֵּם בָּנוּ מַה שֶּׁכָּתוּב, כִּי אֵל רַחוּם, יהוה אֱלֹהֶיךָ, לֹא יַרְפְּךָ וְלֹא יַשְׁחִיתֶךָ, וְלֹא יִשְׁכַּח אֶת בְּרִית אֲבוֹתֶיךָ אֲשֶׁר נִשְׁבַּע לָהֶם.[4] וְנֶאֱמַר, וַיָּחָן יהוה אֹתָם וַיְרַחֲמֵם וַיִּפֶן אֲלֵיהֶם לְמַעַן בְּרִיתוֹ אֶת אַבְרָהָם, יִצְחָק, וְיַעֲקֹב, וְלֹא אָבָה הַשְׁחִיתָם.[5] וְנֶאֱמַר, כִּי רָאָה יהוה אֶת עֳנִי יִשְׂרָאֵל מֹרֶה מְאֹד וְאֶפֶס עָצוּר וְאֶפֶס עָזוּב וְאֵין עֹזֵר לְיִשְׂרָאֵל.[6] וְלֹא דִבֶּר יהוה לִמְחוֹת אֶת שֵׁם יִשְׂרָאֵל. וַיּוֹשִׁיעֵם לְמַעַן שְׁמוֹ.

אָנָּא, מֶלֶךְ מַלְכֵי הַמְּלָכִים, רַחֵם עָלֵינוּ בְּרַחֲמֶיךָ הָרַבִּים, כִּי אֵין לָנוּ עֵזֶר וְסֶמֶךְ אֶלָּא אָתָּה. לְמַעַן קְדֻשַּׁת שִׁמְךָ הַגָּדוֹל הַגִּבּוֹר וְהַנּוֹרָא, כִּי רַב הוּא, וּלְמַעַן שְׁלֹשׁ עֶשְׂרֵה מִדּוֹתֶיךָ מִדּוֹת הָרַחֲמִים, שֶׁבְּטוּחִים אָנוּ שֶׁאֵינָן חוֹזְרוֹת רֵיקָם,[7] וּלְמַעַן חֲסָדֶיךָ אֲשֶׁר מֵעוֹלָם הֵמָּה.[8] יִכְבְּשׁוּ נָא רַחֲמֶיךָ אֶת

69 / PRAYERS UPON VISITING A CEMETERY

of their parents. Send them a complete recovery and save them from all evil. "Command salvations for Jacob," [1] *save their souls from death, and do not allow the destroyer to come into our homes.* [2] *Grant them a good and long life. Perform for us acts of kindness, and gird with strength those who have stumbled. Remove Your judgment from them and fill the number of their days, for with You abides kindness and righteousness. You may bring pain and wounds, but Your hands heal.*

צַדִּיק *You are righteous regarding everything that occurs. We are the cause of all that has come upon us. However, our hands are spread out towards heaven, and our eyes are riveted to You. Remember the merits of our righteous fathers for the benefit of the[ir] children. May the love of those who have passed away atone for them. And those who are afflicted as a result of sins of their parents, have mercy on the parents and the[ir] children together. Forgive those who have erred, committed iniquities and willfully sinned against You, and add days to their days and lengthen their years. Send a cure and healing for their wounds. May Your kindness, Hashem, our Lord, be upon us. Do not destroy us commensurate with our sins. May the merit of the exalted holy ones protect them and us. Look, Hashem, and behold, to have mercy on the remnant [of Israel]. May the merit of the tzaddikim and pious ones "stand between the dead and the living that the plague should cease,"* [3] *that we can grow to serve You. May all flesh know that You are the Lord and there is no one like You. Add to their days upon this earth, and [then] they will return and live in Your shadow.*

אָנָּא *Please, remove from us, from our houses, and from the houses of all Your people, the House of Israel, wherever they may be, pestilence, the sword, hunger, captivity, plague, destruction, Satan, the evil inclination and bad sicknesses — and fulfill in us that which is written, "For your Lord, Hashem, is a merciful God, He will not turn you adrift nor will He let you be destroyed. He will not forget the covenant with your forefathers that He swore to them."* [4] *And it is written, "And Hashem was gracious and merciful to them, and He turned to them for the sake of His covenant with Abraham, Isaac and Jacob, and did not want to destroy them."* [5] *And it is written, "For Hashem saw the affliction of Israel becoming increasingly severe with neither stored property nor free property left, and no one to help Israel. And Hashem did not speak to eradicate the name of Israel."* [6] *And He saved them for His name's sake.*

אָנָּא *Please, O King, Who reigns over kings, have mercy upon us with Your great compassion, for we have no help or assistance without You. [Act] for the sake of the holiness of Your great and mighty Name, for it is great, and for the sake of Your thirteen attributes of mercy, which we are confident will not return empty-handed,* [7] *and for the sake of Your kindness which is everlasting.* [8] *Please allow Your mercy to overcome*

---
(1) *Psalms* 44:5. (2) Cf. *Exodus* 12:23. (3) *Numbers* 17:13. (4) *Deuteronomy* 4:31.
(5) *II Kings* 13:23. (6) 14:26. (7) See Tractate *Rosh Hashanah* 17b. (8) Cf. *Psalms* 25:6.

כַּעַסְךָ וְיִגָּלוּ עַל מִדּוֹתֶךָ.[1] וּבְטוּבְךָ הַגָּדוֹל, הָסֵר חֲרוֹן אַפְּךָ מֵעָלֵינוּ, וּמֵעַל בָּנֵינוּ, וּמֵעַל כָּל עַמְּךָ בֵּית יִשְׂרָאֵל. וְכַלֵּה דֶּבֶר וּמַשְׁחִית מִבָּתֵּינוּ, וְלֹא יִשָּׁמַע בֶּכִי וּזְעָקָה בִּגְבוּלֵינוּ, וְלֹא שׁוֹד וָשֶׁבֶר בִּרְחוֹבוֹתֵינוּ. וּפְרוֹס עָלֵינוּ סֻכַּת שְׁלוֹמֶךָ, וּשְׁמַע תְּפִלָּתֵנוּ, וְקַבֵּל תַּחֲנוּנֵינוּ. רְאֵה עָנְיֵנוּ וְדִמְעוֹת עֵינֵינוּ כִּי בְצָרָה גְדוֹלָה אֲנָחְנוּ. הוֹשִׁיעָה נָא בְקָרוֹב, כִּי קָרוֹב יהוה לְנִשְׁבְּרֵי לֵב וְאֶת דַּכְּאֵי רוּחַ יוֹשִׁיעַ.[2] רַחֵם נָא עַל עֲנִיֵּי הַצֹּאן. הֲלֹא מִפִּי עוֹלְלִים וְיוֹנְקִים יִסַּדְתָּ עֹז.[3] יהוה צְבָאוֹת, עִמָּנוּ מִשְׂגָּב לָנוּ אֱלֹהֵי יַעֲקֹב, סֶלָה.[4] יהוה צְבָאוֹת, אַשְׁרֵי אָדָם בֹּטֵחַ בָּךְ.[5] יהוה, הוֹשִׁיעָה. הַמֶּלֶךְ יַעֲנֵנוּ בְיוֹם קָרְאֵנוּ.[6] אָמֵן.

10

בְּעֶרֶב רֹאשׁ הַשָּׁנָה וּבְעֶרֶב יוֹם כִּפּוּר

צַדִּיקִים יְסוֹדֵי עוֹלָם, יְהִי רָצוֹן שֶׁתְּהֵא מְנוּחַתְכֶם בְּכָבוֹד. וּזְכוּת תַּלְמוּד תּוֹרַתְכֶם וּמַעֲשֵׂיכֶם הַטּוֹבִים יַעֲמָד לִי, וּלְבֵיתִי, וּלְכָל יִשְׂרָאֵל הַנִּלְוִים לִי, וּלְכָל בֵּית יִשְׂרָאֵל. יְהִי רָצוֹן לְפָנֶיךָ, אֱלֹהֵי הָרַחֲמִים וְהַסְּלִיחוֹת, מֶלֶךְ עַל כָּל הָאָרֶץ, שֶׁיִּתְגּוֹלְלוּ רַחֲמֶיךָ וַחֲסָדֶיךָ הַמְרֻבִּים עַל מִדּוֹתֶיךָ. וְנִזָּכֵר

בערב ראש השנה:

וְנִכָּתֵב לְפָנֶיךָ בְּזֶה רֹאשׁ הַשָּׁנָה

בערב יום כיפור:

וְנֵחָתֵם לְפָנֶיךָ בְּזֶה יוֹם הַכִּפּוּרִים

לִסְלִיחָה וְלִמְחִילָה, וּלְכַפֵּר בּוֹ כָּל חַטֹּאתֵינוּ, וַעֲוֹנוֹתֵינוּ, וּפְשָׁעֵינוּ, וּלְשָׁנָה טוֹבָה וּמְתֻקֶּנֶת, לְחַיִּים טוֹבִים, וּלְשָׁלוֹם, לְפַרְנָסָה, וּלְכַלְכָּלָה, לְשֹׂבַע, וְלִבְרָכָה, וְלִשְׁנַת גְּאֻלָּה וִישׁוּעָה, וּשְׁנַת בְּרָכָה וְהַצְלָחָה בְּכָל מַעֲשֵׂה יָדֵינוּ, וּשְׁנַת רֶוַח וְהַצָּלָה, הַשְׁקֵט וּמְנוּחָה מִכָּל פַּחַד וּבֶהָלָה, מִכָּל תַּקָּלָה וּגְזֵרָה רָעָה. וְשֶׁנִּזְכֶּה לְעֹשֶׁר וְכָבוֹד, וְאַל יִשְׁלֹט בָּנוּ שָׂטָן וְיֵצֶר הָרָע. וְנִמְצָא חֵן וְשֵׂכֶל טוֹב בְּעֵינֶיךָ וּבְעֵינֵי כָל רוֹאֵינוּ. רַחוּם וְחַנּוּן, שׁוֹמֵעַ תְּפִלָּה, הֵעָתֵר לָנוּ עַל כָּל זֹאת שֶׁבִּקַּשְׁנוּ לְפָנֶיךָ, לְמַעַן רַחֲמֶיךָ וַחֲסָדֶיךָ הַמְרֻבִּים, וּלְמַעַן זְכוּת הַצַּדִּיקִים הָאֵלּוּ וּזְכוּת כָּל צַדִּיקֵי וַחֲסִידֵי עוֹלָם. וְאַל תְּשִׁיבֵנִי רֵיקָם מִלְּפָנֶיךָ, כִּי אַתָּה שׁוֹמֵעַ תְּפִלָּה.

Your anger and Your mercy to prevail over Your attributes.¹ With Your great goodness, remove Your anger from us, from our children, and from all Your people, the House of Israel. Bring an end to pestilence and destruction from our houses, and cry and clamor should not be heard in our boundaries, and no robbery or destruction be present in our streets. Spread over us the shelter of Your peace, listen to our prayers, and accept our supplications. Behold our afflictions and the tears of our eyes for we are in very difficult straits. Please, speedily save us, for "Hashem is close to the brokenhearted, and those crushed in spirit will He save."² Please have mercy on Your impoverished sheep. Behold, "out of the mouths of babes and sucklings have You found strength."³ "Hashem, Master of legions, is with us; a stronghold for us is the Lord of Jacob. Selah."⁴ "Hashem, Master of legions, praiseworthy is the man who trusts in You."⁵ "Hashem, save. May the King answer us on the day we call."⁶ Amen.

10
On Erev Rosh Hashanah and Erev Yom Kippur

צַדִּיקִים *O righteous ones, pillars of the world, may it be His will that you shall rest in honor. May the merit of your Torah study and good deeds stand by me, my household, all Jews who are dependent upon me, and the entire House of Israel. May it be Your will, O God of mercy and supplications, King over all the world, that Your abundant mercies and kindnesses overwhelm Your attributes. May we be remembered*

On Erev Rosh Hashanah:
and inscribed before You on this Rosh Hashanah

On Erev Yom Kippur:
and sealed before You on this Yom Kippur

for forgiveness and pardon, and to atone on it for all our sins, transgressions, and wanton acts, and for a good and perfected year, for good life, peace, livelihood, sustenance; for satiety, for blessing; for a year of redemption and salvation; a year of blessing and success in all our handiwork; a year of relief and rescue, tranquility and contentment from every terror and confusion, mishap and evil decree. May we merit wealth and honor; and may Satan and the evil inclination have no dominion over us.

May we find grace and good understanding in Your eyes and in the eyes of all who see us. O Merciful and Compassionate One, Who hears prayers, incline to us in all this that we have requested of You, for the sake of Your abundant mercies and kindnesses, for the sake of the merit of all these righteous people and the merit of all the righteous and devout ones of the world. Do not turn me away from You empty-handed, for You are the One Who hears prayer.

---
(1) See Tractate *Berachos* 7a. (2) *Psalms* 34:19. (3) 8:3. (4) 46:8, 12. (5) 84:13. (6) 20:10.

11
בַּעֲלִיָּה לְקֶבֶר אָח
At One's Brother's Grave

עַד הַגַּל הַזֶּה וְעֵדָה הַמַּצֵּבָה הַזֹּאת בָּאתִי הֵנָּה. תַּחְתֶּיהָ יָנוּחַ מַחְמַד לִבִּי, אָחִי וְרֵעִי (יוֹנֵק שְׁדֵי אִמִּי אֲשֶׁר מִבֶּטֶן אַחַת יְצָאנוּ). הֵן נִסַּע מִנִּי וְנִגְלָה, שָׁם יְבַקֵּר בְּהֵיכָלוֹ כֻּלּוֹ אוֹמֵר כָּבוֹד. פֹּה אֶשְׁפּוֹךְ לְבָבִי וְשִׂיחִי, פֹּה מִמַּעֲמַקֵּי לִבִּי אֲקוֹנֵן. וְעֵינַי דְּמָעוֹת יִזּוֹלוּן. מַה טּוֹב וּמַה נָּעִים הָיָה שֶׁבֶת אַחִים יָחַד. עַד אַחֲרִית נְשִׁימָתוֹ אַהֲבָה רַבָּה אֲהֵבָנִי. כָּל מַחְשְׁבוֹתָיו וְכָל מְגַמַּת לִבּוֹ הָיָה לְשַׂמְּחֵנִי. לִבִּי נִשְׁבָּר בְּזָכְרִי יָמִים מִנִּי קֶדֶם בַּעֲלוֹת עַל זִכְרוֹנִי יְמֵי נְעוּרֵינוּ (בְּבֵית אָבִינוּ יַחְדָּו). מְשׂוֹרָגִים הָיוּ כָּל מַחְשְׁבוֹתֵינוּ כְּאוֹפָן בְּתוֹךְ הָאוֹפָן. רְצוֹן שְׁנֵינוּ תָּמִיד הָיָה לַאֲחָדִים בְּיָדֵנוּ. כַּאֲשֶׁר הָיָה רוּחַ הָאֶחָד לָלֶכֶת גַּם הַשֵּׁנִי עִמּוֹ נִשְׁוָה. עוֹד אֶרְאֵהוּ בְּחֶזְיוֹן לַיִל, עוֹד תְּמוּנָתוֹ לְנֶגְדִּי כַּאֲשֶׁר שָׂשׂ בְּבוֹאוֹ לִקְרָאתִי. (אֲחוּזֵי יָד הָלַכְנוּ לְבֵית הַסֵּפֶר. אֲחוּזֵי יָד חָזַרְנוּ לְבֵית אָבִינוּ.) מַר לִי מַר כִּי נִקְטַף הַשּׁוֹשָׁן (בְּעוֹדֶנּוּ בְּאִבּוֹ בַּהֲצִיצוֹ צִיץ וַיְהִי פּוֹרֵחַ. הַשֶּׁמֶשׁ בְּחֹם הַצָּהֳרַיִם נִקְדָּרָה).

וְהִנֵּה הַיּוֹם בָּאתִי אֶל בֵּית קְבוּרָתוֹ לְהִתְפַּלֵּל עַל נִשְׁמָתוֹ שֶׁתְּהֵא מְנוּחָתוֹ שְׁלֵמָה וְתַעֲלֶה מַעְלָה בְּצֵל שַׁדַּי. וּלְחַנֵּן מִלְּפָנֶיךָ אֵל רָם וְנִשָּׂא שֶׁתָּעִיר אַהֲבָתְךָ עָלַי וְתַעֲזוֹר לִי בְּרֹב חַסְדֶּךָ, וּתְזַכֵּנִי לִרְאוֹת בְּהִתְיַסֵּד בֵּית מְכוֹנֶךָ. שָׁם אֶתְאַבֵּק אֲנַשֵּׁק וַאֲלַחֵךְ עַפְרוֹת יְסוֹדוֹתֶיהָ. שָׁם אָמוּת וְשָׁם אֶקָּבֵר.

אָנָּא אֵל רַחוּם, רַחֵם עָלַי וְעַל יוֹצְאֵי יְרֵכִי וְיַסֵּד אֶת בֵּיתִי לְפָנֶיךָ לְעוֹלָם. רוֹמְמֵנִי מֵאַשְׁפּוֹת דַּלּוּתִי, מֵרִים אֶבְיוֹן מֵעָפָר. כַּפֵּר עַל חֲטָאַי וְהַשְׁפַּע עָלַי רוּחַ דַּעַת וְיִרְאַת יהוה שֶׁיִּהְיוּ כָּל מַעֲשַׂי וּמַחְשְׁבוֹתַי לַעֲבוֹדָתֶךָ. שִׁמְעָה יהוה תְּפִלָּתִי, שַׁוְעָתִי הַאֲזִינָה, אֶל דִּמְעָתִי אַל תֶּחֱרַשׁ. הִנֵּה יָדַעְתִּי אֶת לֵב אָחִי, נַפְשׁוֹ קְשׁוּרָה בְּנַפְשִׁי. הוּא יָגֵן בִּזְכוּתוֹ עָלַי לִפְנֵי מֶלֶךְ רַחוּם וְחַנּוּן, שׁוֹמֵעַ אֶל אֶבְיוֹנִים וּמַאֲזִין חִנּוּנִים. וְהוּא רַחוּם יְכַפֵּר עָוֹן וְיִתְקַיֵּם זֶרַע לְאָחִיו זֶרַע צַדִּיק וְהָגוּן חַיִּים וְקַיָּמִים. בְּתוֹרַת יהוה חֶפְצָם,

בָּהּ יֶהְגּוּ יוֹמָם וָלָיְלָה. בַּעֲלֵי שֵׁם טוֹב אֲשֶׁר לֹא יִמָּצֵא בָּהֶם שֶׁמֶץ דֹּפִי. יַעַסְקוּ בְּתוֹרַת יהוה וְיָבִינוּ סוֹדוֹתֶיהָ וְיַדְרִיכוּ הָעָם בְּדֶרֶךְ יְשָׁרָה עַד בִּיאַת הַגּוֹאֵל.

אָנָּא מֶלֶךְ מְפוֹאָר, הַמָּלֵא עָלַי רַחֲמִים כִּי עָנִי וְאֶבְיוֹן אָנֹכִי. סְלַח וּמְחַל וְכַפֵּר עַל פְּשָׁעַי, עֲוֹנַי, וַחֲטָאַי וּתְנֵנִי לְחֵן וָחֶסֶד וְרַחֲמִים בְּעֵינֶיךָ וּבְעֵינֵי כָּל רוֹאָי. וְהַמְצֵא לִי פַּרְנָסָתִי וּפַרְנָסַת אַנְשֵׁי בֵיתִי בְּשׁוּפִי וּבְרֶוַח. כְּמוֹ שֶׁבֵּרַכְתָּ לְיַעֲקֹב אָבִינוּ אִישׁ תָּם כֵּן תְּבָרְכֵנִי, וּבְכֹחֲךָ הַגָּדוֹל יָשׁוּב חֲרוֹן אַפְּךָ מֵעַמְּךָ מֵעִירְךָ וּמִנַּחֲלָתֶךָ. וַעֲשֵׂה שְׁאֵלָתִי וּבַקָּשָׁתִי בְּרַחֲמִים לְמַעַן זְכוּת הַצַּדִּיקִים וְהַחֲסִידִים הַלָּלוּ וּלְמַעַן זְכוּת כָּל צַדִּיקֵי וַחֲסִידֵי עוֹלָם. אָמֵן.

12

בַּעֲלִיָּה לְקֶבֶר אָחוֹת

At One's Sister's Grave

פֹּה נִטְמְנָה אֶבֶן יְקָרָה, מַחְמַד עֵינַי, אֲחוֹתִי רַעְיָתִי תַמָּתִי. נֶפֶשׁ חֶשְׁקִי וּמַחְמַדִּי (וּמִבֶּטֶן אַחַת יָצָאנוּ). אֲהָהּ, עָלָה מָוֶת בְּחַלּוֹנֵינוּ. הַשּׁוֹשַׁנָּה נִקְטְפָה נָבֵל צִיץ תִּפְאַרְתָּהּ. כָּל מַחְמַדֵּי כֻּלָּם סְעָרָה, כַּקַּשׁ תִּשָּׂאֵם. הֵן אֲנִי נִשְׁאַרְתִּי לְבַדִּי כַּסֻּכָּה בְּכָרֶם. מַה לִּי פֹה עַתָּה עֲלֵי אָרֶץ. אֲחוֹתִי רַעְיָתִי אֲשֶׁר פָּרְחָה כַּשּׁוֹשַׁנָּה נָסְעָה לִמְנוּחוֹת, וְאוֹתִי לַאֲנָחוֹת עָזָבָה. כָּל חֶשְׁקִי אֲשֶׁר הָיָה לִי מִימֵי קֶדֶם כֻּלָּם כָּעָב תְּעוּפֶינָה, כְּעָמִיר אַחֲרֵי הַקּוֹצֵר, נִקְטַף פֶּרַח הַלְּבָנוֹן וְכַמִּדְבָּר הָאָרֶץ נִצָּתָה. מִי יִתֵּן עֵינַי מְקוֹר מַיִם. אֶבְכֶּה יוֹמָם וָלַיְלָה עַל שִׁבְרִי וְעָנְיִי אֲשֶׁר יַחְדָּו יִשְׂתָּרְגוּ וְעָלוּ עַל צַוָּארִי. פֹּה דִּמְעוֹת עֵינַי יִזָּלוּן כְּמֵי נֹחַ זֹאת לִי וְאֶהְיֶה מַר צוֹרֵחַ. פִּתְחִי לִי אֲחוֹתִי רַעְיָתִי פֶּתַח בְּפִתְחוֹ שֶׁל הֵיכַל הַמֶּלֶךְ. אָרִים בְּכֹחַ קוֹלִי לִקְדוֹשׁ יִשְׂרָאֵל כִּי פֶּאֱרָה כִּי אַבִּיט וְאֵין עוֹזֵר, אֶשְׁתּוֹמֵם וְאֵין סוֹמֵךְ. אֶתְחַנֵּן פְּנֵי צוּרִי כִּי נִלְכַּדְתִּי בַּאֲשָׁמַי וּמִי רֹאשׁ הִשְׁקַנִי יהוה אֱלֹהַי כִּי חָטָאתִי לוֹ. הֵן אַתָּה וַדַּאי הַצַּדִּיק עַל כָּל אֲשֶׁר בָּא עָלַי. אַךְ הֲלֹא אַתָּה יהוה תִּסְפֹּר דִּמְעוֹת עֵינַי וְיָדַעְתָּ כִּי אֲנִי מִתְחָרֵט עַל כָּל אֲשֶׁר עָשִׂיתִי.

אָנָּא יהוה אֱלֹהַי, פְּעֻלָּתָהּ לְפָנֶיךָ תָּבֹא, הֲלֹא שְׂכָרָהּ אִתָּהּ, כֻּלָּם כַּעֲדִי תִלְבָּשֵׁם. הַבֵּט אֶל צוּר חֻצְּבָה וְאֶל מִפְעֲלוֹתֶיהָ אֲשֶׁר עָשְׂתָה כָּל יְמֵי חַיֶּיהָ וְתָגֵן עָלַי בִּזְכוּתָהּ כִּי אָחִיהָ אֲנִי הַמְדַבֵּר הִנֵּנִי. שְׁמַע נָא מֵהֵיכָלְךָ קוֹלִי, וּמִנֹּגַהּ נֶגְדָּהּ תַּגִּיהַּ חָשְׁכִּי.

אָנָּא יהוה אֱלֹהַי רַחֵם עַל עָנִי וְאֶבְיוֹן אֲשֶׁר הָלַךְ חֲשֵׁכִים וְאֵין נֹגַהּ לוֹ. רְאֵה נָא אֶת שְׁלוֹם עֲנִיֵּי הַצֹּאן הַשּׁוֹאֲגִים לַלֶּחֶם וָאָיִן. לְךָ קִוִּיתִי וּבְשִׁמְךָ בָטַחְתִּי שֶׁתִּתֵּן אֶת שְׁאֵלָתִי אֲשֶׁר שָׁאַלְתִּי מֵעִמְּךָ וְתִתֵּן מְנוּחָה וְשָׁלוֹם לְגוּפָהּ וּלְעַצְמוֹתֶיהָ. הֶהָרִים יָמוּשׁוּ וְהַגְּבָעוֹת תְּמוּטֶינָה וְחַסְדְּךָ מֵאִתָּהּ לֹא יָמוּשׁ. תַּעַטְפֶהָ רְדִיד בְּרַק נֹגַהּ צְנִיף מְלוּכָה, וַעֲטֶרֶת תִּפְאֶרֶת. כְּבוֹד הַלְּבָנוֹן יִתֶּן לָהּ וּתְהֵא מְנוּחָתָהּ שָׁלוֹם. אָמֵן.

13

בַּעֲלִיָּה לְקֶבֶר סַבָּא

At One's Grandfather's Grave

(הַיּוֹם יָצָאתִי) וְהַיּוֹם בָּאתִי אֶל מְקוֹם רֹאשׁ מִשְׁפַּחְתִּי, תְּהִלּוֹת שַׁלְשֶׁלֶת יִחוּסִי, זְקַן בֵּיתִי. נְשִׂיא אֱלֹהִים בְּתוֹכֵנוּ, מִבְחַר גְּבָרֵינוּ, יְפֵה נוֹף מְשׂוֹשׂ כָּל מִשְׁפַּחְתִּי. יָגֵן נָא זְכוּתוֹ בֵּינֵינוּ מוּל הָאֱלֹהִים בְּנָשְׂאֵנוּ רִנָּה וּתְפִלָּה לְפָנֶיךָ נוֹרָא עֲלִילָה. שֶׁאַל תִּקָּחֵנוּ מֵהָעוֹלָם הַזֶּה קֹדֶם זְמַנֵּנוּ וְתָאִיר עֵינֵינוּ בְּתוֹרָתֶךָ וְתִפְתַּח אֶת לִבֵּנוּ לְהַאֲזִין פִּקּוּדֶיךָ וְלִשְׁמֹר מִצְוֹתֶיךָ. וּתְזַכֵּנִי לִלְמוֹד וּלְלַמֵּד לִשְׁמֹר וּלְקַיֵּם אֶת כָּל דִּבְרֵי קָדְשֶׁךָ. וְנַעֲבוֹד בֶּאֱמֶת וּבְתָמִים וּבְאַהֲבָה. וְעֵינֵינוּ יָאִירוּ וְנַפְשֵׁנוּ תְּפָאֵר אֹתָךְ, אַף רוּחֵנוּ בְּקִרְבֵּנוּ יְשַׁחֵר לִשְׁמֶךָ. וְעֵינֵינוּ תִּרְאֶינָה הַהוֹד וְהַנֵּצַח בְּצִיּוֹן וִירוּשָׁלַיִם, וְנֹגַהּ אֵשׁ לֶהָבָה שֶׁל חַיֵּי הָעוֹלָם הַבָּא לְהִתְעַנֵּג שָׁם בְּתַעֲנוּגִים כִּימֵי הַשָּׁמַיִם בְּזִיו הַמָּאוֹר הַגָּדוֹל הָעֶלְיוֹן אֲשֶׁר עַיִן לֹא רָאֲתָה זוּלָתְךָ אֱלֹהִים. מָה רַב טוּבְךָ אֲשֶׁר צָפַנְתָּ לִירֵאֶיךָ.

הִנֵּה הַגּוּף הַקָּדוֹשׁ הַזֶּה נִטְמָן פֹּה בָּאָרֶץ, וְנִשְׁמָתוֹ עָלְתָה לְמַעְלָה תַּחַת כַּנְפֵי אֵל וִימִין יהוה הָרוֹמֵמָה. יֵלֵךְ מֵחַיִל

אֵל חָיִל, לַחֲזוֹת בְּנֹעַם יהוה וּלְבַקֵּר בְּהֵיכָלוֹ. לְהַשְׂבִּיעַ בְּצַחְצָחוֹת נַפְשׁוֹ בְּסֵתֶר עֶלְיוֹן בְּצֵל שַׁדַּי, בְּמַעֲלוֹת קְדוֹשִׁים וּטְהוֹרִים הַמְּאִירִים וּמַזְהִירִים כְּעֶצֶם הַשָּׁמַיִם לָטֹהַר. שָׁם מַחֲזֵה שַׁדַּי יֶחֱזֶה, גְּלוּי עֵינָיִם.

הִנֵּה בָּאתִי לִמְקוֹם קִבְרוֹ אֶל בֵּית מְנוּחָתוֹ לְחַנֵּן אֵלֶיךָ יהוה אֱלֹהַי בְּמַר נַפְשִׁי פֹּה עַל אַדְמַת הַקֹּדֶשׁ כְּעָנִי הַמַּחֲזִיר עַל הַפְּתָחִים. הוֹשִׁיעָה נָּא אֲדֹנָי אֵל רָם וְנִשָּׂא. עֲזוֹר לִי כְּרֹב רַחֲמֶיךָ וַחֲסָדֶיךָ כִּי בָאוּ מַיִם עַד נָפֶשׁ. טָבַעְתִּי בִּיוֵן מְצוּלָה וְאֵין מָעֳמָד. בָּאתִי בְמַעֲמַקֵּי מַיִם וְשִׁבֹּלֶת שְׁטָפָתְנִי. יָגַעְתִּי בְקָרְאִי נִחַר גְּרוֹנִי, כָּלוּ עֵינַי מְיַחֵל לֵאלֹהָי.

לָכֵן יְהִי רָצוֹן מִלְּפָנֶיךָ יוֹשֵׁב מְרוֹמִים שֶׁתְּחָנֵּנִי מִמַּתְּנַת יָדְךָ הַפְּתוּחָה וְתִסְמְכֵנִי רוּחַ נְדִיבָה, רוּחַ עֵצָה וּגְבוּרָה, רוּחַ דַּעַת וְיִרְאַת יהוה כָּל הַיָּמִים. וְתִתֶּן לִי מַתְּנַת חִנָּם מֵאוֹצְרוֹתֶיךָ. וּתְהִי יִרְאָתְךָ נֶגֶד פָּנַי לְטַהֵר לְבָבִי וְרַעְיוֹנַי, וּתְחַדֵּשׁ רוּחַ נָכוֹן בְּקִרְבִּי, וְתָסִיר מִמֶּנִּי לֵב הָאֶבֶן. וְיֵצְאוּ מַיִם חַיִּים מִמַּעְיָן הָעֶלְיוֹן, בְּנַהַר פְּלָגָיו. יְשַׂמְּחֵנִי אֱלֹהִים לְטַהֲרֵנִי מֵחֲטָאַי וּפְשָׁעַי, וְתַשְׁלִיךְ בִּמְצוּלוֹת יָם כָּל חַטֹּאתַי וְכָל חַטֹּאת עַמְּךָ בֵּית יִשְׂרָאֵל. וּתְרַחֵק מִמֶּנּוּ יֵצֶר הָרָע וְרוּחַ זְנוּנִים וּתְאַבֵּד אֶת כָּל הַקָּמִים עָלַי לְרָעָה. וְזָכְרֵנִי בְּזִכָּרוֹן טוֹב לְפָנֶיךָ.

בָּרֵךְ אֶת לַחְמִי וְאֶת מֵימַי, וּמַלֵּא כָּל מִשְׁאֲלוֹת לִבִּי לְטוֹבָה יְשׁוּעָה וְרַחֲמִים בִּזְכוּת הַצַּדִּיק הַזֶּה וּבִזְכוּת כָּל צַדִּיקֵי וַחֲסִידֵי עוֹלָם. וִיהִיֶה חֶלְקִי עִמָּהֶם בְּאֶרֶץ הַחַיִּים. וְאַל תְּשִׁיבֵנִי רֵיקָם מִלְּפָנֶיךָ. וְתֶן לִי בָּנִים וּבָנוֹת עוֹסְקִים בַּתּוֹרָה וּבְמִצְוֹת. וְיִהְיוּ בַּעֲלֵי שֵׁם טוֹב שֶׁלֹּא אֵבוֹשׁ וְלֹא אֶכָּלֵם לֹא בָעוֹלָם הַזֶּה וְלֹא בָעוֹלָם הַבָּא. וְתֵן מְנוּחָה וַחֲנִינָה לַגּוּף הַקָּדוֹשׁ הַזֶּה. וּתְהֵא מְנוּחָתוֹ כָּבוֹד וְשָׁלוֹם עַד אֲשֶׁר תַּעֲלֶה רוּחֲךָ מִמָּרוֹם וְתוֹרִיד טַל שֶׁל תְּחִיָּה. וְאָז יַעֲמוֹד לְגוֹרָלוֹ לְקֵץ הַיָּמִין לַחֲזוֹת בְּנֹעַם יהוה וּלְבַקֵּר בְּהֵיכָלוֹ לָשִׁיר שָׁם שִׁיר חָדָשׁ תְּהִלָּה לֵאלֹהֵינוּ. וְאִישׁ אֶל מִשְׁפַּחְתּוֹ וְאֶל אֲחֻזַּת אֲבוֹתָיו נָשׁוּב כִּי יָשִׂישׂ יהוה עָלֵינוּ לְטוֹב לָנוּ כָּל הַיָּמִים. אָמֵן.

14
בַּעֲלִיָּה לְקֶבֶר סַבְתָּא
At One's Grandmother's Grave

פֹּה נִטְמְנָה אֵם הַבָּנִים אֲשֶׁר הָיְתָה הֲגוּנָה בְּמַעֲשֶׂיהָ. הָאֵם רוֹחֶפֶת עַל בָּנֶיהָ. יוֹמָם וָלַיְלָה הָיָה הֶגְיוֹן פִּיהָ אֶת הָאֱלֹהִים לַעֲבוֹד. נַפְשָׁהּ הַטְּהוֹרָה עָלְתָה לְרוּם חֶבְיוֹן בְּסֵתֶר עֶלְיוֹן לֵישֵׁב עִם הַנָּשִׁים הַשַּׁאֲנַנּוֹת.

אֲנִי מִיַּלְדֵי בֵיתָהּ בָּאתִי אֶל בֵּית מְנוּחָתָהּ לְהִתְפַּלֵּל עַל נִשְׁמָתָהּ שֶׁתְּהֵא תָמִיד בִּצְרוֹר הַחַיִּים צְרוּרָה, וּלְהִתְפַּלֵּל בַּעֲדִי אֶל הָאֱלֹהִים שֶׁיְּמַלֵּא בְטוֹבָה מִסְפַּר יָמַי וְיָהֵל כְּכֹבְבֵי שָׁמַי וְיַצִּילֵנִי מֵאוֹיְבַי. מַה נִּפְלָאָה הָיְתָה בְּאַהֲבָתָהּ לִי. בְּכָל פִּנּוֹת בֵּיתִי עִקְּבוֹת גְּבִירוּתֶיהָ נוֹדָעוּ. תָּגֵן נָא בִּזְכוּתָהּ עָלַי גַּם אַחֲרֵי מוֹתָהּ כַּאֲשֶׁר עָשְׂתָה בְּחַיֶּיהָ וְכַאֲשֶׁר עָשְׂתָה אִמֵּנוּ רָחֵל וְהִתְפַּלְּלָה עַל בָּנֶיהָ בְּעָבְרָם דֶּרֶךְ שָׁם עַל קִבְרָהּ. צָעֲקָה לָאֵל הוֹשִׁיעָה אֲדוֹנִי הַמֶּלֶךְ וְהַצֵּל אֶת בְּנֵי יְשָׁרִים וְצַדִּיקִים.

כְּמוֹ כֵן אֲנִי הַיּוֹם בָּאתִי לְעוֹרֵר רַחֲמֶיךָ יהוה אֱלֹהַי עַל קֶבֶר אִמִּי זְקֶנְתִּי שֶׁאַל תִּזְכּוֹר לִי מַעֲלָלַי וְתִתֵּן לִי חַיִּים אֲרוּכִים טוֹבִים וְזֶרַע כָּשֵׁר, בָּנִים צַדִּיקִים וַחֲבִיבִים וִישָׁרִים בְּלִבּוֹתָם אֲשֶׁר אוֹרְחוֹתָם לֹא יְעַבְּטוּ. וִיהִי בֵיתִי כְּבֵית פָּרֶץ. וְנִזְכֶּה בִּזְכוּתָהּ וּבִזְכוּת כָּל הַצַּדִּיקִים וַחֲסִידִים וַחֲסִידוֹת הַטְּמוּנִים פֹּה וּבִזְכוּת כָּל הַצַּדִּיקִים שֶׁבָּעוֹלָם לִהְיוֹת חֶלְקֵנוּ עִמָּהֶם בְּגַן עֵדֶן מְנֻקִּים מִכָּל עָוֹן. וְנִזְכֶּה כֻּלָּנוּ לַחֲסוֹת תַּחַת כַּנְפֵי הָאֵל. אָמֵן.

15
בַּעֲלִיָּה לְקֶבֶר יֶלֶד־גָּדוֹל
At the Grave of One's Grown Child

שָׁלוֹם עָלֶיךָ נְשָׁמָה יְחִידָה, אֲשֶׁר הָיִית מְחַיָּה גּוּף אָדָם אֲשֶׁר נַפְשִׁי לוֹ כָּמַהּ, מוֹצָא מֵעַי וְיוֹצֵא חֲלָצַי אֲשֶׁר נָתַן לִי אֱלֹהִים בָּזֶה עַל פְּנֵי תֵבֵל אַרְצוֹ כַּאֲשֶׁר יָשַׁר בְּעֵינָיו. בִּרְצוֹנוֹ נָתַן

וּבִרְצוֹנוֹ נָטַל. חָבִיב הָיָה עָלַי דִּבּוּרוֹ, תַּאֲוַת נַפְשִׁי לְשְׁמוֹ וּלְזִכְרוֹ. דּוֹדִי חָמַק עָבַר, נִגְלָה וְנִכְסָה נִרְאָה וְנִסְתָּר. קְרָאתִיו וְלֹא עָנָנִי, בִּקַּשְׁתִּיהוּ וְלֹא מְצָאתִיהוּ. וַאֲנִי לֹא יָדַעְתִּי כַּבְשֵׁי דְרַחֲמָנָא וְרָזוֹהִי. אִם הָיָה מַתָּנָה עַל מְנָת לְהַחֲזִירָהּ בִּזְמַנָּהּ אוֹ אִם עֲוֹנֵינוּ עָנוּ בָנוּ. לְאֵיזוֹ סִבָּה מֵהָעֲוֹנוֹת שֶׁחִיַּבְתִּי עֲלֵיהֶן לְקַבֵּל הַפֻּרְעָנוּת. בֵּין כָּךְ וּבֵין כָּךְ לֹא זָכִיתִי לְגַדְּלוֹ יוֹתֵר, וְאַף כִּי אָמַרְתִּי אַחֲרֵי מוֹתִי אֶעֱלֶה בְתָמָר אֹחֲזָה בְּסַנְסִנָּיו, נִפְרְדוּ נִפְרְצוּ עָלָיו בִּגְזֵרַת אֲדוֹנָיו. וְאֵלְכָה לִּי שְׂדֵה בוֹכִים, אֶל הַסֶּלַע וְאֶל הַבּוֹכִים, וְאֶתְפַּלְּלָה אֶל אֵל עַל נִשְׁמָתוֹ, יַעֲלֶנָּה אֶל מְכוֹן שִׁבְתּוֹ, וְיַסְתִּירֶנָּה בְּסֵתֶר עֶלְיוֹן, בְּרוּם חֶבְיוֹן.

וְאַתְּ נְשָׁמָה, עִמְדִי נָא בִּתְפִלָּה וּבַקָּשָׁה לִפְנֵי אֵל רָם וְנִשָּׂא, שֶׁיְּכַפֵּר וְיִסְלַח לַעֲוֹנוֹת וְלַפְּשָׁעִים וְלַמַּעֲשִׂים הָרָעִים שֶׁחָטָאתִי וְשֶׁעָוִיתִי וְשֶׁפָּשַׁעְתִּי וְשֶׁהֲרֵעוֹתִי, וִינַהֲלֵנִי עַל מֵי מְנוּחוֹת בְּנַחַת וְשׁוּבָה, עַד זִקְנָה וְשֵׂיבָה. וְיִשְׁמֹר אוֹתִי וּשְׁאָר זַרְעִי מִן כִּלָּיוֹן וָחֶרֶץ, עוֹד כָּל יְמֵי הָאָרֶץ, וּמִמִּיתָה שֶׁלֹּא בִזְמַנָּהּ. גַּם מִכָּל חֳלִי וְכָל מַכָּה. וְיִשְׁמֹר צֵאתִי וּבֹאִי לְחַיִּים וּלְשָׁלוֹם מֵעַתָּה וְעַד עוֹלָם. וְאַתְּ לְכִי לַקֵּץ וְתָנוּחִי וְתַעַמְדִי לְגוֹרָלֵךְ לְקֵץ הַיָּמִין עִם כָּל הַצַּדִּיקִים.

וְהוּא רַחוּם יְכַפֵּר עָוֹן וְלֹא יַשְׁחִית, וְהִרְבָּה לְהָשִׁיב אַפּוֹ, וְלֹא יָעִיר כָּל חֲמָתוֹ. וּבְשָׁלְחוֹ אֶת אֵלִיָּה הַנָּבִיא לִפְנֵי בּוֹא הַיּוֹם הַגָּדוֹל וְהַנּוֹרָא, אֲשֶׁר יָבוֹא לְהָשִׁיב לֵב בָּנִים עַל אֲבוֹתָם וְלֵב אָבוֹת עַל בָּנִים, אֲזַי גַּם לִי גַּם לָךְ יִנָּחֵם. אָמֵן.

16

בַּעֲלִיָּה לְקֶבֶר יֶלֶד־תִּינוֹק

At the Grave of One's Infant Child

שָׁלוֹם עָלַיִךְ נְשָׁמָה טְהוֹרָה, אֲשֶׁר מְלֻבֶּשֶׁת הָיִית בְּגוּף זַרְעִי. וְלֹא יָצָאת לָעוֹלָם אֶלָּא בְּכֹחַ, וְלֹא בְּפוֹעַל הָרְבִית. וַאֲנַחְנוּ לֹא נֵדַע כַּבְשֵׁי דְרַחֲמָנָא וְהַסִּבָּה. אִם הֵם יִסּוּרִים שֶׁל אַהֲבָה אוֹ אִם עֲוֹנֵינוּ עָנוּ בָנוּ כִּי בָא חוֹבָה. וְלֹא פִּי יַרְשִׁיעֵנִי לֵאמֹר מִפְּנֵי מַה מֵתוּ בָנֶיךָ בְּחַיֶּיךָ, קוּם וְהִצְטַדֵּק לִפְנֵי אֱלֹהֶיךָ,

וְאֵלֶּה הַצֹּאן מֶה עָשׂוּ, אֲשֶׁר מֵעוֹלָמָם יָצְאוּ וּפָרָשׁוּ. כִּי עַל הַכֹּל יהוה אֱלֹהֵינוּ אֲנַחְנוּ מוֹדִים לָךְ וּמַצְדִּיקִים דִּינֵךְ וּלְיִרְאָתֵךְ אָנוּ חֲרֵדִים. וַאֲנִי תְּפִלָּה לְאֵל חַי שֶׁיַּעֲלֶה הַנְּשָׁמָה הַטְּהוֹרָה, אֶל מוּל פְּנֵי שְׁכִינָתוֹ לְהָאִירָה, וְיִשְׁתַּעֲשַׁע בָּהּ שַׁעֲשׁוּעִים וַאֲהָבִים וְיַעֲלֶהָ בְּמַעֲלַת הַכְּרוּבִים.

וְאַתָּה זַרְעִי אֲשֶׁר הָיִיתָ מַתָּנָה בְּיָדַי לְפִי שָׁעָה, עֲמֹד בִּתְפִלָּה וּבְבַקָּשָׁה לִפְנֵי מַאֲזִין שַׁוְעָה. וִיכַפֵּר עֲוֹנַי אֲשֶׁר גָּרְמוּ לְקִיחָתְךָ מִמֶּנִּי וְאַל יְבַעֲתוּנִי שִׁבְטוֹ וְאֵימָתוֹ. וִימַלֵּא יָמַי בַּטּוֹב וּשְׁנוֹתַי בַּנְּעִימִים. אַךְ טוֹב וָחֶסֶד יִרְדְּפוּנִי כָּל יְמֵי חַיָּי וְשַׁבְתִּי בְּבֵית יהוה לְאֹרֶךְ יָמִים. וְיַצִּיל אוֹתִי וּשְׁאָר זַרְעִי מִמִּיתָה מְשֻׁכֶּלֶת, וּמִכָּל מַחֲלָה וּבֶהָלָה, וּמִכָּל צָרָה וְצוּקָה, וּבוּקָה וּמְבוּקָה וּמְבֻלָּקָה. וְיִמְחַל עֲוֹנַי וּזְדוֹנַי. וְאַל יוֹסִיף לְיַסְּרֵנִי. וְרַחֲמָנָא דִּי רְחֵם עַל אֲבָהָתָנָא צַדִּיקַיָּא יֵעֵל יָתָךְ לְגַן עֵדֶן לְהִשְׁתַּעֲשַׁע בַּהֲדֵי צַדִּיקַיָּא. וְהֶעְדְּרָךְ יְהֵא כַּפָּרָה עֲלָנָא וְעַל כָּל אֱנָשֵׁי בֵּיתָנָא. וְקֳדָם מָרֵא עָלְמָא לֶהֱוֵא כְּקָרְבָּן דִּי מִתְקַבֵּל בְּרַעֲוָא. וְלָא יוֹסִיף עוֹד לְדַאֲבָה. וְיִמְחֹל חוֹבָיָנָא. וְיִתֵּן לָנָא בְּנִין דִּכְרִין דִּי יֶחֱיוּן, וִיהוֹן עָסְקִין בְּאוֹרַיְתָא קַדִּישְׁתָּא. וְיַעֲדֵא מִנָּן וּמִן כָּל עַמֵּהּ בֵּית יִשְׂרָאֵל צָרָה וְיָגוֹן וַאֲנָחָה וְכָל מַרְעִין בִּישִׁין. אָמֵן.

17

כְּשֶׁבָּאִים מִמֶּרְחַקִּים לְקֶבֶר קָרוֹב מִשְׁפָּחָה

When Coming from Afar to One's Relative's Grave

פֹּה קֶבֶר גּוּף יָקָר אֲשֶׁר בּוֹ הָיְתָה נְשָׁמָה טְהוֹרָה, חֲצֻבָה מִלַּהֶבֶת אֵשׁ שֶׁל כִּסֵּא הַכָּבוֹד. וְיָצְאָה וְהָיְתָה בִּצְרוֹר הַחַיִּים צְרוּרָה אֶת יהוה הַגָּדוֹל וְהַנּוֹרָא, כִּי שָׁבָה אֶל מְקוֹמָהּ הָרִאשׁוֹן הַנֶּפֶשׁ הַזַּכָּה וְהַנְּקִיָּה אֲשֶׁר הָיְתָה לִי נֵזֶר וַעֲטָרָה, וּמִמֶּנּוּ בֵּיתִי נִתְמַלֵּא אוֹרָה. אֲהָהּ! עַתָּה מִנִּי נֶעְדָּר. הִנֵּה עִנִּיתִי בַדֶּרֶךְ כֹּחִי עַד שֶׁמָּצָאתִי אֵת שֶׁאָהֲבָה נַפְשִׁי, בִּקַּשְׁתִּיו וְלֹא מְצָאתִיו לְעֵין הַשֶּׁמֶשׁ רַק בִּמְעָרוֹת צוּרִים. נַפְשִׁי יָצְאָה וְנָקְטָה מִגֹּדֶל צַעֲרִי, זָכוֹר תִּזְכּוֹר וְתָשׁוּחַ אַרְצָה לְנַשֵּׁק אַבְנֵי הַמָּקוֹם וְעַפְרוֹת זָהָב לוֹ. נֶהְפַּךְ עָלַי לִבִּי, מֵעַי חֳמַרְמָרוּ וְאֶזְעַק קוֹל עֲנוֹת חֲלוּשָׁה.

79 / PRAYERS UPON VISITING A CEMETERY

מִי יָבֹא אַחֲרֵי הַמֶּלֶךְ אֲשֶׁר כְּבָר עָשָׂה וְגָזַר, מִי יֹאמַר לוֹ מַה תִּפְעָל. נֶאֱמָן הַדַּיָּן בְּכָל אֲשֶׁר דָּן וְגָזַר כִּי אֵין לְפָנָיו עַוְלָה.

פֹּה עַתָּה בָּאתִי לְהִתְפַּלֵּל עַל נִשְׁמָתוֹ הַהֲדוּרָה בַּמָּקוֹם הַזֶּה אֲשֶׁר גּוּפוֹ נִקְבָּר. פֹּה אֲבַקֵּשׁ עַל עַצְמוֹתָיו יָנוּחוּ עַל מִשְׁכְּבוֹתָם בְּשָׁלוֹם. וְנִשְׁמָתוֹ תַעֲלֶה לְמַעְלָה תַּחַת כֵּס יְקָרָה, אֶל מְקוֹם מַה נּוֹרָא, לְעַטְרָה בַּעֲטֶרֶת תִּפְאֶרֶת בְּיַד יהוה. שָׁם לִהְיוֹת בְּתִפְאָרָה עִם כָּל צַדִּיקֵי וַחֲסִידֵי עוֹלָם, לְהִתְעַנֵּג בְּתַעֲנוּגִים רָמִים. וּלְקֵץ הַיָּמִין יַעֲמוֹד לְגוֹרָלוֹ וְיִזְכֶּה לְחַיֵּי הָעוֹלָם הַבָּא.

אָנָּא יהוה אֱלֹהַי, תְּפִלָּתִי עַל חֵיקִי תָּשׁוּב. גַּם מִמֶּנִּי לֹא תִכְלָא רַחֲמֶיךָ. רָאֹה תִרְאֶה יהוה אֱלֹהַי בָּעֳנִי עַבְדְּךָ בֶּן אֲמָתֶךָ. הִנְנִי עוֹמֵד לְפָנֶיךָ בְּמַר נַפְשִׁי וְלִבִּי הַנִּדְכֶּה וְרוּחִי הַנִּשְׁבָּר כְּעָנִי בְּפֶתַח הַשּׁוֹאֵל וּמְבַקֵּשׁ עֶזְרָה. הַצִּילֵנִי נָא אֵל רַחוּם וְחַנּוּן מֵחָרוֹן אַף עֶבְרָה וָזַעַם וּמִכָּל גְּזֵרָה רָעָה. וּפְתַח לִבִּי בְּתַלְמוּד תּוֹרָתֶךָ לַעֲסוֹק בִּמְלֶאכֶת שָׁמַיִם. פַּרְנְסֵנִי מִתַּחַת יָדְךָ הַמְּלֵאָה וְהָרְחָבָה. זַכֵּנִי לִרְאוֹת בָּנִים וּבְנֵי בָנִים עוֹסְקִים בַּתּוֹרָה וּבְמִצְוֹת וְלֹא יִמָּצֵא שׁוּם פְּסוּל וְדֹפִי בְּזַרְעִי וּבְזֶרַע זַרְעִי. וְלֹא אָמוּת מִיתַת פִּתְאוֹם. וְאֶרְאֶה בְּבִנְיַן הָאוּלָם. וּבְהִפָּרֵד מִמֶּנִּי נִשְׁמָתִי אֶהְיֶה עִם נוֹחֲלֵי רַב טוּב הַצָּפוּן. וּתְהֵא נַפְשִׁי צְרוּרָה בִּצְרוֹר הַחַיִּים. וְתַצִּילֵנִי מִכָּל דִּינִים. וּלְקֵץ הַיָּמִין תַּעֲמִידֵנִי וִיהֵא חֶלְקִי עִם כָּל הַקְּדוֹשִׁים הַלָּלוּ אֲשֶׁר פֹּה נִקְבָּרוּ.

לָכֵן הִנֵּה בָּאתִי לְהִשְׁתַּטֵּחַ עַל קִבְרוֹת הַצַּדִּיקִים הַלָּלוּ וּלְהִתְפַּלֵּל לְפָנֶיךָ אֵל רָם וְנִשָּׂא. גַּם גְּוִיּוֹת הַקְּדוֹשִׁים אֲשֶׁר בָּאָרֶץ הֵמָּה, חָנֵּנִי יהוה, בִּזְכוּתָם הָחִישָׁה מִפְלָט לִי מֵרוּחַ סוֹעָה וָסָעַר. שְׁמַע תְּפִלָּתִי, הַצִּילֵנִי וְהוֹצִיאֵנִי מֵאֲפֵלָה לְאוֹרָה. הֱיֵה מָגֵן בַּעֲדִי אֱלֹהֵי צוּרִי. הָסֵר מֵעָלַי חֲמָתֶךָ. הָשֵׁב אַפְּךָ מִמֶּנִּי וּמַלֵּא בְּמִדָּה טוֹבָה יְשׁוּעָה וְרַחֲמִים כָּל מִשְׁאֲלוֹתָי. וּמְשׁוֹךְ עָלַי חוּט שֶׁל חֶסֶד וְרַחֲמִים. וְהַאֲרֵךְ יָמַי בַּטּוֹב, וְאוֹיְבַי יִהְיוּ הָלוֹךְ וְחָסוֹר. וְעַתָּה הָרוּחוֹת הַקְּדוֹשִׁים יֵלְכוּ לַקֵּץ וְיָנוּחוּ וְיַעַמְדוּ לְגוֹרָלָם לְקֵץ הַיָּמִין. נָכוֹן לִבִּי בָּטוּחַ בַּיהוה. לֹא אִירָא רָע. מְלִיצַי רֵעָי. יהוה שׁוֹפְטִי. הוּא יִשְׁמַע תְּפִלָּתִי. אָמֵן.

18

תְּפִלַּת חוֹלֶה לִרְפוּאָתוֹ / חוֹלָה לִרְפוּאָתָהּ

For Health, Recited by a Sick Person

יִתְבָּרַךְ אֵל עֶלְיוֹן, קְדֻשָּׁתוֹ בְּחֶבְיוֹן, וְלוֹ הַגְּדֻלָּה וְהַגְּבוּרָה וְהַתִּפְאֶרֶת וְהַהוֹד כִּי עַל כֹּל בַּשָּׁמַיִם וּבָאָרֶץ לוֹ הַמַּמְלָכָה וְהַמִּתְנַשֵּׂא לְכֹל לְרֹאשׁ. וּבְיָדוֹ כֹּחַ וּגְבוּרָה לְגַדֵּל וּלְחַזֵּק לַכֹּל. הָאֵל הַנֶּאֱמָן, אַב הָרַחֲמִים, הָרוֹפֵא לְתַחֲלוּאֵי עֲבָדָיו, מְחַבֵּשׁ לְמַכְאוֹבִים וּמַצִּיל נֶפֶשׁ חֲסִידָיו מִמָּוֶת. בְּרוֹב חֲנִינָתוֹ יִשְׁלַח לִי רְפוּאוֹת תְּעָלָה בְּתוֹךְ שְׁאָר חוֹלֵי יִשְׂרָאֵל, וִימַלֵּט אֶת נַפְשִׁי מִשְּׁאוֹל וְיָסִיר מֵעָלַי כָּל נֶגַע וְכָל מַחֲלָה. בִּזְכוּת הַצַּדִּיקִים וְהַחֲסִידִים הַשּׁוֹכְבִים פֹּה וּבְכָל הָעוֹלָם רַחֵם עָלַי אֲדוֹן הָעוֹלָמִים. פְּנֵה אֶל תְּפִלָּתִי, הָבֵן הֲגִיגִי, וְאַל תֶּחֱרַשׁ לְדִמְעָתִי.

וּבְבֹאִי הֵנָּה לְהִשְׁתַּטֵּחַ עַל קִבְרֵי הַצַּדִּיקִים הַלָּלוּ יָגֵן זְכוּתָם וְצִדְקָתָם עָלַי וְעַל כָּל יִשְׂרָאֵל. וְתִרְפָּאֵנִי בִּזְכוּתָם רְפוּאָה שְׁלֵימָה, רְפוּאַת הַנֶּפֶשׁ וּרְפוּאַת הַגּוּף. וּתְחַדֵּשׁ כַּנֶּשֶׁר נְעוּרָי. וְתִשְׁלַח לִי וּלְכָל חוֹלֵי יִשְׂרָאֵל מַרְפֵּא, אֲרוּכָה, בְּרָכָה, תְּרוּפָה וּתְעָלָה, חֲנִינָה וְחֶמְלָה, רַחֲמִים וְשָׁלוֹם, וְחַיִּים וְאוֹרֶךְ יָמִים טוֹבִים כְּדֵי שֶׁאוּכַל לַעֲבוֹד עֲבוֹדָתְךָ בְּלֵבָב שָׁלֵם. כִּי לֹא שְׁאוֹל תּוֹדֶךָּ, לֹא מָוֶת יְהַלְלֶךָּ, לֹא יְשַׂבְּרוּ יוֹרְדֵי בוֹר אֶל אֲמִתֶּךָ. וְיִתְקַיֵּם בִּי וּבְכָל חוֹלֵי יִשְׂרָאֵל מִקְרָא שֶׁכָּתוּב עַל יְדֵי מֹשֶׁה עַבְדֶּךָ וַיֹּאמֶר אִם שָׁמוֹעַ תִּשְׁמַע לְקוֹל יהוה אֱלֹהֶיךָ וְהַיָּשָׁר בְּעֵינָיו תַּעֲשֶׂה וְהַאֲזַנְתָּ לְמִצְוֹתָיו וְשָׁמַרְתָּ כָּל חֻקָּיו כָּל הַמַּחֲלָה אֲשֶׁר שַׂמְתִּי בְמִצְרַיִם לֹא אָשִׂים עָלֶיךָ כִּי אֲנִי יהוה רֹפְאֶךָ. וְנֶאֱמַר וַעֲבַדְתֶּם אֵת יהוה אֱלֹהֵיכֶם וּבֵרַךְ אֶת לַחְמְךָ וְאֶת מֵימֶיךָ וַהֲסִרֹתִי מַחֲלָה מִקִּרְבֶּךָ. וְנֶאֱמַר לֹא תִהְיֶה מְשַׁכֵּלָה וַעֲקָרָה בְּאַרְצֶךָ אֶת מִסְפַּר יָמֶיךָ אֲמַלֵּא. וְנֶאֱמַר וְהֵסִיר יהוה מִמְּךָ כָּל חֹלִי וְכָל מַדְוֵה מִצְרַיִם הָרָעִים אֲשֶׁר יָדַעְתָּ לֹא יְשִׂימָם בָּךְ וּנְתָנָם בְּכָל שֹׂנְאֶיךָ. וְעַל יְדֵי עֲבָדֶיךָ הַנְּבִיאִים כָּתוּב לֵאמֹר דְּרָכָיו רָאִיתִי וְאֶרְפָּאֵהוּ וְאַנְחֵהוּ וַאֲשַׁלֵּם נִחֻמִים לוֹ וְלַאֲבֵלָיו. וְנֶאֱמַר בּוֹרֵא נִיב שְׂפָתָיִם שָׁלוֹם שָׁלוֹם לָרָחוֹק וְלַקָּרוֹב אָמַר יהוה וּרְפָאתִיו. וְנֶאֱמַר וְזָרְחָה לָכֶם יִרְאֵי שְׁמִי שֶׁמֶשׁ צְדָקָה וּמַרְפֵּא בִּכְנָפֶיהָ. וְנֶאֱמַר אָז

יִבָּקַע כַּשַּׁחַר אוֹרֶךָ וַאֲרֻכָתְךָ מְהֵרָה תִצְמָח. כִּי אַעֲלֶה אֲרוּכָה לָךְ וּמִמַּכּוֹתַיִךְ אֶרְפָּאֵךְ נְאֻם יהוה. רְפָאֵנִי יהוה וְאֵרָפֵא הוֹשִׁיעֵנִי וְאִוָּשֵׁעַ כִּי תְהִלָּתִי אָתָּה. וְהַעֲלֵה רְפוּאָה שְׁלֵמָה לְכָל מַכּוֹתַי כִּי אֵל מֶלֶךְ רוֹפֵא נֶאֱמָן וְרַחֲמָן אָתָּה. וְכָל בְּנֵי בֵיתִי יִהְיוּ בִּכְלַל הָרַחֲמִים הַבְּרָכָה הַחַיִּים וְהַשָּׁלוֹם מֵעַתָּה וְעַד עוֹלָם.

מַלְכֵּנוּ אֱלֹהֵינוּ, אֱלֹהֵי כָּל בָּשָׂר, פְּדֵה אוֹתִי וְכָל יִשְׂרָאֵל מִכָּל חֳלָאִים רָעִים. עֲשֵׂה לְמַעַן שְׁמֶךָ לְמַעַן תּוֹרָתֶךָ צִדְקָתְךָ וּקְדֻשָּׁתְךָ לְמַעַן מַלְאֲכֵי מְרוֹמִים לְמַעַן יְמִינֶךָ. לְמַעַן יֵחָלְצוּן יְדִידֶיךָ הוֹשִׁיעָה יְמִינְךָ וַעֲנֵנִי. לְמַעַן בְּרִית אֲבוֹתֵינוּ אַבְרָהָם יִצְחָק וְיַעֲקֹב מֹשֶׁה אַהֲרֹן דָּוִד וּשְׁלֹמֹה, וּלְמַעַן זְכוּת הַצַּדִּיקִים וְהַחֲסִידִים הַטְּמוּנִים פֹּה, כִּי לְמַעַן כְּבוֹדָם בָּאתִי הֵנָּה לְהִלֵּל עַל קִבְרָם אֶת שִׁמְךָ הַגָּדוֹל וְהַנּוֹרָא. יַעֲמֹד לִי זְכוּתָם וְצִדְקָתָם שֶׁעָשׂוּ בְּחַיֵּיהֶם וּזְכוּת כָּל צַדִּיקֵי וַחֲסִידֵי עוֹלָם. וּבִזְכוּת שָׂרָה רִבְקָה רָחֵל וְלֵאָה, אַרְבַּע הָאִמָּהוֹת, תַּצִּילֵנִי מִכָּל פְּגָעִים רָעִים. הַבֵּט מִשָּׁמַיִם וּרְאֵה לְבָבִי הַנִּשְׁבָּר וְהַנִּדְכֶּה, שִׁבְרוֹן רוּחִי וּלְבָבִי, כְּחִישַׁת חֵילִי וְקֹצֶר רוּחִי.

מִכֵּיוָן שֶׁתְּפִלַּת הַחוֹלֶה יָפָה עַל עַצְמוֹ לָכֵן מָצָא עַבְדְּךָ מָקוֹם לְהִתְפַּלֵּל אֶת הַתְּפִלָּה וְאֶת הַתְּחִנָּה הַזֹּאת. רְאֵה יהוה כִּי צַר לִי מֵעַי חֳמַרְמָרוּ. נֶהְפַּךְ לִבִּי בְּקִרְבִּי. מִמָּרוֹם שָׁלַח אֵשׁ בְּעַצְמוֹתַי וַיִּרְדֶּנָּה פָּרַשׂ רֶשֶׁת לְרַגְלַי, הִכְשִׁיל כֹּחִי בִּלָּה בְשָׂרִי וְעוֹרִי. יהוה עָשְׁקָה לִי עָרְבֵנִי. הַעֲלֵה רְפוּאָה שְׁלֵימָה לְכָל מַכּוֹתַי וְאַל תִּזְכּוֹר לִי אֶת אֲשֶׁר חָטָאתִי עָוִיתִי וּפָשַׁעְתִּי. הַצִּילֵנִי וְהַסְתִּירֵנִי בְּצִלְּךָ עַד יַעֲבוֹר הַוּוֹת. תֵּן בִּי כֹּחַ לִשְׁמוֹר פִּקּוּדֶיךָ, וְקַבֵּל בְּרַחֲמִים וּבְרָצוֹן אֶת תְּפִלָּתִי וְאַל תְּשִׁיבֵנִי רֵיקָם מִלְּפָנֶיךָ. אָמֵן.

19

לִזְכּוֹת לְזֶרַע שֶׁל קַיָּמָא

To Have Children

יְהִי רָצוֹן מִלְּפָנֶיךָ יהוה אֱלֹהֵינוּ וֵאלֹהֵי אֲבוֹתֵינוּ, צוּר הָעוֹלָמִים, צַדִּיק בְּכָל הַדּוֹרוֹת, לְמַעַן שִׁמְךָ הַגָּדוֹל,

שֶׁתִּתֶּן לִי זֶרַע רָצוּי וְהָגוּן וְטוֹב וְיָפֶה וּמְתֻקָּן וּמְקֻבָּל וְרָאוּי לִהְיוֹת וּלְהִתְקַיֵּם בְּלִי שׁוּם עָוֹן וְאַשְׁמָה זֶרַע אֲנָשִׁים. וּתְבָרְכֵנִי וְאֶת בֵּיתִי, וְאֵדַע כִּי שָׁלוֹם אָהֳלִי. וְתַשְׁפִּיעַ בְּזַרְעִי נֶפֶשׁ רוּחַ וּנְשָׁמָה מִמַּחְצֵב טָהוֹר וְקָדוֹשׁ. וּתְכוֹנֵן כָּל הַכְּנוּתָיו לְהַשְׁלִימוֹ וּלְקַיְּמוֹ וּלְהַעֲמִידוֹ בְּחֵן בְּחֶסֶד בְּרַחֲמִים בְּנוֹי בִּבְרִיאָה וּבִגְבוּרָה. וְתַצִּיגֵהוּ עַל בּוֹרְיוֹ בְּנַפְשׁוֹ רוּחוֹ וְנִשְׁמָתוֹ. וְלֹא יִהְיֶה בְּכָל אֵבָרָיו לֹא נֶזֶק לֹא חִסָּרוֹן וְלֹא נֶגַע וָחֳלִי. וְלֹא יֶחְסַר לוֹ כָּל טוּב כָּל יְמֵי חַיָּיו. וְיִוָּלֵד בְּשָׁעָה טוֹבָה לִבְרָכָה וְהַצְלָחָה. וּתְבָרֵךְ אוֹתִי וְאֶת בֵּיתִי וְאֶת זַרְעִי וְאֶת זֶרַע זַרְעִי בְּכָל דָּבָר הַמַּשְׁלִים דַּעְתֵּנוּ וְשִׂכְלֵנוּ וְהַשָּׂגָתֵנוּ לַעֲשׂוֹת רְצוֹנֶךָ. וְתַשְׁפִּיעַ עָלַי בִּרְכַּת שָׁמַיִם מֵעָל.

אָנָּא יהוה צְבָאוֹת אֱלֹהֵי יִשְׂרָאֵל יוֹשֵׁב הַכְּרוּבִים, תִּהְיֶינָה אָזְנֶיךָ קַשּׁוּבוֹת. הַשְׁקִיפָה מִמְּעוֹן קָדְשְׁךָ עָלַי הַשְׁקָפָה לְטוֹבָה. וְנָתַתָּ לִי זֶרַע אֲנָשִׁים שֶׁיִּהְיוּ עוֹסְקִים בַּתּוֹרָה וּמְקַיְּמֵי מִצְוֹת בְּיִשְׂרָאֵל. וּמִבִּרְכוֹת פִּיךָ תְּבָרְכֵנִי וִיבֹרַךְ בֵּית עַבְדְּךָ וּבֵית כָּל עַמְּךָ יִשְׂרָאֵל לְעוֹלָם. וְהַנְּשָׁמוֹת הַקְּדוֹשׁוֹת אֲשֶׁר הָיוּ בָּעוֹלָם הַזֶּה זְכוּתָם תַּעֲמֹד לִי שֶׁתְּמַלֵּא שְׁאֵלָתִי לְטוֹבָה. וּבִזְכוּת זֶה שֶׁאֲנִי מִתְאַוֶּה לְהַעֲמִיד זֶרַע כָּשֵׁר וְהָגוּן לְפָנֶיךָ שְׁמַע קוֹלִי יהוה אֱלֹהָי. וְקַבֵּל בְּרַחֲמִים וּבְרָצוֹן אֶת תְּפִלָּתִי שֶׁאֲגַדֵּל כָּל בָּנַי לְיִרְאָתְךָ כָּל הַיָּמִים עַד עוֹלָם בְּקֶרֶב כָּל יִשְׂרָאֵל, וְאַל תְּשִׁיבֵנִי רֵיקָם מִלְּפָנֶיךָ. אָמֵן.

20
לְגִדּוּל יְלָדִים בְּנָקֵל
For Raising Children Easily

רִבּוֹן כָּל הָעוֹלָמִים, רָם עַל כָּל רָמִים, שְׁמַע תְּפִלָּתִי בָּא עָדֶיךָ לְבַקֵּשׁ רַחֲמֶיךָ וַחֲסָדֶיךָ. זַכֵּנִי כְּרוֹב חֶמְלָתְךָ לְגַדֵּל בָּנַי לַעֲבוֹדָתֶךָ בְּנַחַת וְלֹא בְּצַעַר וְלֹא יֵבוֹשׁוּ כִּי יְדַבְּרוּ בַּשָּׁעַר. וְיִהְיוּ מְמֻלָּאִים וּמְזֹרָזִים בַּתּוֹרָה וּבְמִצְוֹת לְעָבְדְּךָ בְּלֵבָב שָׁלֵם. וְיִתְפַּרְנְסוּ מִתַּחַת יָדְךָ בִּנְקִיּוּת וּבְשׁוּפִי וְלֹא יִמָּצֵא בָהֶם שֶׁמֶץ דּוֹפִי. וְיִהְיוּ עֵינֵינוּ רוֹאוֹת בְּשִׂמְחָתָם בְּתוֹרָתָם וְהַצְלָחָתָם. יִהְיוּ לְרָצוֹן אִמְרֵי פִי וְהֶגְיוֹן לִבִּי לְפָנֶיךָ יהוה צוּרִי וְגוֹאֲלִי. אָמֵן.

21

לְבַקָּשַׁת מְחִילָה מִנִּפְטָר/נִפְטֶרֶת עַל שֶׁחָטָא כְּנֶגְדּוֹ/כְּנֶגְדָּהּ

For Forgiveness for Sinful Behavior Toward the Departed

שָׁלוֹם עָלֶיךָ, אַתָּה רוּחַ הַקָּדוֹשׁ וְהַטָּהוֹר. וְשָׁלוֹם לְנַפְשְׁךָ וּלְנִשְׁמָתְךָ בַּשְּׁחָקִים בָּהִיר. מְנוּחָתְךָ תִּהְיֶה שְׁלֵמָה, לְמַעְלָה מִמַּלְאֲכֵי רוּמָה, וְעַצְמוֹתֶיךָ תְנוּחֶינָה בַּקֶּבֶר בְּשָׁלוֹם עַל מִשְׁכָּבָן. וַאֲנִי עָנִי וְכוֹאֵב, מְחוֹלָל מִפְּשָׁעִים וַחֲטָאִים שׁוֹאֵב. בָּאתִי הֵנָּה לִמְקוֹם קְבוּרָתְךָ וּלְבֵית מִשְׁכָּבְךָ לְהִתְחַנֵּן לְךָ וּלְפַיֶּסְךָ עַל אֲשֶׁר פָּעַלְתִּי וְדִבַּרְתִּי וְעָלוּ עַל לִבִּי דְּבָרִים שֶׁהֵם נֶגֶד כְּבוֹדְךָ וְזִיוְךָ וַהֲדָרְךָ וְהוֹדֶךָ. וְהִנְנִי מוֹדֶה וְעוֹזֵב וְאוֹמֵר נַעֲנֵיתִי לְךָ [פלוני] כִּי חָטָאתִי לַיהוה אֱלֹהֵי יִשְׂרָאֵל וָלָךְ. וְכָל מַה שֶּׁהִרְהַרְתִּי וְדִבַּרְתִּי וְעָשִׂיתִי וּפָעַלְתִּי נֶגְדֶּךָ, אוֹ כָּל מַה אֲשֶׁר הִתְרַשַּׁלְתִּי מֵעֲשׂוֹת לִכְבוֹדֶךָ, הַכֹּל הָיָה אֶצְלִי בִּשְׁגָגָה יוֹצֵאת מִדַּעַת מְטָעָה. וְכָל אֲשֶׁר עָשִׂיתִי שֶׁלֹּא כְּהֹגֶן הִנְנִי מִתְחָרֵט עָלָיו בַּחֲרָטָה גְמוּרָה. וַאֲבַקֶּשְׁךָ שֶׁיִּכָּמְרוּ נָא רַחֲמֶיךָ עָלַי, וְתַעֲמוֹד בִּתְפִלָּה וּבְבַקָּשָׁה לִפְנֵי מֶלֶךְ מַלְכֵי הַמְּלָכִים הַקָּדוֹשׁ בָּרוּךְ הוּא, שֶׁיִּמְחַל לִי בְּרֹב רַחֲמָיו וַחֲסָדָיו עַל כָּל מַה שֶּׁחָטָאתִי וְעָוִיתִי וּפָשַׁעְתִּי הֵן נֶגְדּוֹ וְהֵן נֶגֶד בְּרִיּוֹתָיו. וְיַעֲזָר לִי בְּרֹב רַחֲמָיו וַחֲסָדָיו לִשְׁמוֹר מִצְוֹתָיו. וְאַל יַטְרִידֵנִי מַטְרִיד וּמַשְׂטִין, וְעַל מֵי מְנוּחוֹת יְנַהֲלֵנִי, וְיַאֲרִיךְ יָמַי וּשְׁנוֹתַי בַּנְּעִימִים. וְאַךְ טוֹב וָחֶסֶד יִרְדְּפוּנִי כָּל יְמֵי חַיָּי וְשַׁבְתִּי בְּבֵית יהוה לְאֹרֶךְ יָמִים. אָמֵן סֶלָה.

22

בַּעֲלִיָּה לְקֶבֶר תַּלְמִיד חָכָם גָּדוֹל

At the Grave of a Great Torah Scholar

הִנֵּה פֹּה מְקוֹם קְבוּרַת אִישׁ חַי רַב פְּעָלִים. רוּחַ יהוה הֶעֱלָהוּ לִמְקוֹם מַה נּוֹרָא. בֵּין קְדוֹשִׁים יִתְהַלֵּךְ בִּמְקוֹם לֹא שְׁזָפַתּוּ עַיִן. בְּשָׁלוֹם יָנוּחַ עַל מִשְׁכָּבוֹ וּבְסֵתֶר עֶלְיוֹן בְּצֵל שַׁדַּי יִתְלוֹנָן. אָנָּא אֵל חַי, זְכוֹר לַצַּדִּיק הַזֶּה אֵת אֲשֶׁר הָלַךְ בְּתוֹם וּבְמִישׁוֹר לְפָנֶיךָ. הוּא בָּקַע חַלּוֹן צוֹהַר בְּעוֹמֶק סִתְרֵי סוֹדֵי תְעוּדָתֶךָ וּבְמַצְפּוּנֵי חֻקֶּיךָ

דָתָךְ. הוּא הָיָה רוֹעֶה צֹאנְךָ וּבִתְבוּנַת כַּפָּיו נָחָם לְטוֹב לָהֶם לְהַחֲיוֹתָם סֶלָה. אַשְׁרֵי לוֹ שֶׁזָּכָה לָלֶכֶת אַחֲרֵי בּוֹרְאוֹ לְהוֹרוֹת לְיִשְׂרָאֵל חֻקִּים יְשָׁרִים וּמִשְׁפָּטִים צַדִּיקִים לְהַצְדִּיק אֶת בְּנֵי דוֹרוֹ. גָּדוֹל שְׂכָרוֹ מְאוֹד. יָחִישׁ נָא הַמֶּלֶךְ הַקָּדוֹשׁ בָּרוּךְ הוּא, וִימַהֵר תְּחִיַּת אֲדוֹנֵינוּ לְהַעֲמִידוֹ עִם כָּל צַדִּיקֵי וַחֲסִידֵי עוֹלָם. וּלְזַכּוֹתוֹ לְעוֹלָם שֶׁכֻּלּוֹ טוֹב וְאָרוּךְ לְהִתְעַנֵּג שָׁם בְּתַעֲנוּגִים רָמִים. הֵן כָּל עֲמָלוֹ הָיָה בִּקְדוּשָּׁה לַעֲסוֹק בְּדִבְרֵי תוֹרָה. וּמֵחַיִל אֶל חַיִל יֵלֵךְ וְיִזְכֶּה לִשְׁמוֹעַ טַעֲמֵי הַתּוֹרָה מִפִּי הַשֵּׁם יִתְבָּרֵךְ.

יְהִי רָצוֹן מִלְּפָנֶיךָ, אָבִינוּ שֶׁבַּשָּׁמַיִם, שֶׁזְּכוּת הַצַּדִּיק הַזֶּה וּזְכוּת כָּל הַצַּדִּיקִים הַשּׁוֹכְנִים פֹּה יָגֵן עָלַי שֶׁתְּכַפֵּר לִי הָאֵל הַסּוֹלְחָן עַל כָּל חֲטָאַי וַעֲוֹנוֹתַי וּפְשָׁעַי בַּעֲבוּר כְּבוֹד הַצַּדִּיק הַזֶּה אֲשֶׁר בָּאתִי עַל קִבְרוֹ לְהַלֵּל לְשִׁמְךָ הַגָּדוֹל וְהַנּוֹרָא עַל אַדְמַת הַקֹּדֶשׁ הַזֹּאת. בִּזְכוּת זֶה, אַב הָרַחֲמִים, תַּצִּילֵנִי מִן הַשּׁוֹד וְהַשֶּׁבֶר מִפַּחַד וּבֶהָלָה, מִמִּיתָה מְשׁוּנָּה וּמִשָּׁעוֹת רָעוֹת. וְתִשְׁלַח בְּרָכָה וְהַצְלָחָה בְּכָל מַעֲשֵׂה יָדַי, וּתְרַפֵּא אֶת כָּל תַּחֲלוּאַי, וּתְבָרֵךְ אֶת לַחְמִי וּמֵימָי, וְתַצִּילֵנִי מִכָּל אוֹיֵב אוֹרֵב וְלִסְטִים. וְתִתֵּן לִי וּלְכָל יִשְׂרָאֵל אוֹרֶךְ יָמִים וְשָׁנִים בְּשַׁלְוָה וְהַשְׁקֵט וָבֶטַח. וְאַל תֶּאֱסוֹף עִם חַטָּאִים נַפְשִׁי וְעִם אַנְשֵׁי דָמִים חַיָּי. וְאַל תַּאַסְפֵנִי בַּחֲצִי יָמַי, וּתְמַלֵּא שְׁנוֹתַי בְּשֵׂיבָה טוֹבָה. וְתוֹסִיף לִי חָכְמָה וָדַעַת וּבִינָה חֵן וָחֶסֶד וְרַחֲמִים בְּעֵינֶיךָ וּבְעֵינֵי כָּל הַבְּרִיּוֹת, וּתְיַחֵד לְבָבִי לְאַהֲבָה וּלְיִרְאָה אֶת שְׁמֶךָ וְלַעֲשׂוֹת רְצוֹנְךָ בְּלֵבָב שָׁלֵם. אָנָּא שְׁמַע קוֹל תַּחֲנוּנָי וְאַל תְּשִׁיבֵנִי רֵיקָם מִלְּפָנֶיךָ.

אָנָּא אֲדוֹן הָעוֹלָמִים, מֶלֶךְ רַחֲמָן, אִם אָמְנָם חָטָאתִי וְהֶרְעוֹתִי אֶת מַעֲלָלַי, יהוה שְׁמָעָה, יהוה סְלָחָה, יהוה הַקְשִׁיבָה, וַעֲשֵׂה אַל תְּאַחַר לְכַפֵּר עַל כָּל פְּשָׁעַי. מַה בֶּצַע בְּדָמִי בְּרִדְתִּי אֶל שָׁחַת. הֵן אַתָּה יהוה אֱלֹהַי בְּחַסְדְּךָ הַגָּדוֹל מֵאַיִן לְיֵשׁ הִמְצֵאתַנִי וְהֶבֵאתַנִי עַד הֲלוֹם. מָה אֲנִי וּמֶה חַיָּי. לֹא לְצָרְכָּךְ כִּי אִם לְזַכּוֹתִי בְּרָאתַנִי. בְּיָדְךָ יהוה יָצַרְתָּ כָּל הַתֵּבֵל כֻּלָּהּ. בְּרוּחַ פִּיךָ נִקְשְׁרָה וְנִרְתְּקָה, גַּם רוּחַ בָּאָדָם הִפַּחְתָּ. בְּמִצְוָתְךָ יהוה עָזְבָה נִשְׁמַת קָדְשֶׁךָ מְעוֹן שַׁחַק וְיָרְדָה בִּלְבַב אֱנוֹשׁ דַּכָּא. וַתְּקוּ לַעֲשׂוֹת עֲנָבִים וָאַעַשׂ בְּאוּשִׁים. אֲהָהּ יהוה אֱלֹהַי, לִבִּי חָלַל בְּקִרְבִּי. גַּם בִּטְנִי הָרַת

פַּחַד. כְּמַבְכִּירָה תִּצְעַק נַפְשִׁי כִּי הֲרֵעוֹתִי אֶת מַעֲשַׂי. נָא אַל בְּאַפְּךָ תוֹכִיחֵנִי, אַל תָּבֹא בְּמִשְׁפָּט עִמָּדִי. הֲלֹא אַתָּה תַּבִּיט לְסוֹף דָּבָר בְּקַדְמוּתוֹ. וּמִדָּתְךָ לְהַאֲרִיךְ אַפְּךָ לָרָעִים וְלַטּוֹבִים וְהִיא תְהִלָּתֶךָ, עַל כֵּן הִקְדַּמְתָּ רַחֲמֶיךָ לְדִינֶךָ. נָא אַל תָּסֵךְ בֶּעָנָן לָךְ מֵעֲבוֹר תְּפִלָּתִי. הֲשִׁיבֵנִי יהוה אֵלֶיךָ וְאָשׁוּבָה, אַף כִּי עֵרוֹם אָנֹכִי. לְמַעַן זְכוּיוֹת אֲבוֹתֵינוּ פְּדֵנִי וְחָנֵּנִי.

יִהְיוּ נָא לְרָצוֹן אִמְרֵי פִי לְפָנֶיךָ. תִּהְיֶינָה אָזְנֶיךָ קַשֻּׁבוֹת לִשְׁמוֹעַ אֶל תְּפִלַּת עַבְדְּךָ, כִּי מִקּוֹצֶר רוּחַ וַעֲבוֹדָה קָשָׁה בְּלַעֲגֵי שָׂפָה אֲדַבֵּר. אַךְ אַתָּה אֱלֹהַי סְלִיחוֹת תָּבִין הֲגִיגִי. אַל תְּשִׁיבֵנִי רֵיקָם מִלְּפָנֶיךָ, צוּרִי וְגוֹאֲלִי. מִיָּדְךָ הַמְּלֵאָה בָּרֵךְ אֶת כָּל מַעֲשֵׂי יָדַי, וּמֵאוֹצָרְךָ הַטּוֹב תְּמַלֵּא בֵּיתִי וְתַצְלִיחַ אֶת כָּל דְּרָכָי. וּשְׁמוֹר כָּל מִדְרַךְ כַּף רַגְלִי. יִהְיוּ נָא מְזוֹנוֹתַי מְסוּרִים בְּיָדְךָ וּתְהֵא מְלַאכְתִּי לִבְרָכָה. זַכֵּנִי שֶׁלֹּא יִתְחַלֵּל שֵׁם שָׁמַיִם עַל יָדַי. וְאֶהְיֶה מִן הַמַּשְׁפִּיעִים טוֹב לְכָל אָדָם. הַדְרִיכֵנִי בְּדֶרֶךְ יְשָׁרָה לְפָנֶיךָ, וּתְנֵנִי לְחֵן וָחֶסֶד וְרַחֲמִים בְּעֵינֶיךָ וּבְעֵינֵי כָּל רוֹאַי. כִּי אֵל חַנּוּן וְרַחוּם אָתָּה וְרַב חֶסֶד לְכָל קוֹרְאֶיךָ בֶּאֱמֶת. וּבִזְכוּת כָּל הַצַּדִּיקִים הַטְּמוּנִים פֹּה, וְתוֹרָתָם הַקְּדוֹשָׁה וְחִדּוּשֶׁיהָ שֶׁנִּתְחַדְּשׁוּ עַל יְדֵיהֶם, וּמַעֲשֵׂיהֶם הַטּוֹבִים שֶׁעָשׂוּ בָּעוֹלָם הַזֶּה, תַּעֲשֶׂה אֶת שְׁאֵלָתִי וּתְמַלֵּא אֶת בַּקָּשָׁתִי לְבִלְתִּי אָשׁוּב רֵיקָם. וְאַל יִמְנָעֵנִי שׁוּם מְקַטְרֵג מֵעַתָּה וְעַד עוֹלָם. אָמֵן.

23

תְּפִלָּה עַל חוֹלֶה/חוֹלָה לְיַד קֶבֶר צַדִּיק

On Behalf of the Sick at the Grave of a *Tzaddik*

רְאֵה יהוה וְהַבִּיטָה אֵיךְ יְדִיד נַפְשִׁי מוּטָל לַמִּשְׁכָּב בְּחִיל וּרְתֵת. הָאֵשׁ בְּעַצְמוֹתָיו בּוֹעֶרֶת, כֹּחוֹתָיו הֻתָּשׁוּ, עֶשְׁתּוֹנוֹתָיו אָבָדוּ. נַפְשׁוֹ נִבְהֲלָה מְאֹד. כָּל מִשְׁכָּבוֹ נֶהְפַּךְ בְּחָלְיוֹ מַכָּתוֹ אֲנוּשָׁה. שׁוֹכֵב כְּחוֹבֵל בְּלֶב יָם. כָּל הַיּוֹם דָּוֶה לֹא יֶהְגֶּה בִּגְרוֹנוֹ. אֵשׁ קָדְחָה בְּאַפּוֹ וְנַפְשׁוֹ קָצָה. כְּסָלָיו מָלְאוּ נִקְלֶה וְאֵין מְתֹם בִּבְשָׂרוֹ.

לָכֵן הִנֵּה בָאתִי לְהִשְׁתַּטֵּחַ עַל קִבְרוֹת הַצַּדִּיקִים הַלָּלוּ וּלְהִתְפַּלֵּל לְפָנֶיךָ אֵל רָם וְנִשָּׂא. הִנֵּה גְוִיּוֹת הַקְּדוֹשִׁים אֲשֶׁר

בָּאָרֶץ הֵמָּה. חָנֵּנִי יהוה, בִּזְכוּתָם, הָחִישָׁה מִפְלָט לִי מֵרוּחַ סוֹעָה וָסָעַר. שְׁמַע תְּפִלָּתִי הַצִּילֵנִי וְהוֹצִיאֵנִי מֵאֲפֵלָה לְאוֹרָה. הֱיֵה מָגֵן בַּעֲדִי, אֱלֹהֵי צוּרִי, הָסֵר מֵעָלַי חֲמָתֶךָ. הָשֵׁב אַפְּךָ מִמֶּנִּי וּמַלֵּא בְּמִדָּה טוֹבָה יְשׁוּעָה וְרַחֲמִים כָּל מִשְׁאֲלוֹתַי. וּמְשׁוֹךְ עָלַי חוּט שֶׁל חֶסֶד וְרַחֲמִים. וְהַאֲרֵךְ יָמַי בַּטּוֹב, וְאוֹיְבַי יִהְיוּ הָלוֹךְ וְחָסוֹר. וְעַתָּה הָרוּחוֹת הַקְּדוֹשִׁים יֵלְכוּ לַקֵּץ וְיָנוּחוּ וְיַעַמְדוּ לְגוֹרָלָם לְקֵץ הַיָּמִין. נָכוֹן לִבִּי בָּטוּחַ בַּ יהוה. לֹא אִירָא רָע. מְלִיצַי רֵעָי, יהוה שׁוֹפְטִי. הוּא יִשְׁמַע תְּפִלָּתִי. אָמֵן.

24

תְּפִלָּה לְבַעַל תְּשׁוּבָה לְיַד קֶבֶר צַדִּיק

For a *Ba'al Teshuvah* (Penitent) at the Grave of a *Tzaddik*

אֵל מֶלֶךְ יוֹשֵׁב עַל כִּסֵּא רַחֲמִים, בְּשֶׁבֶר רוּחַ וּבְלֵב נִדְכֶּה וְנִכְנָע גַּשְׁתִּי לְפָנֶיךָ הַיּוֹם עַל קִבְרוֹת צַדִּיקֵי עוֹלָם וַחֲסִידֵי עֶלְיוֹן הַשּׁוֹכְנִים בַּמָּקוֹם הַקָּדוֹשׁ הַזֶּה. וּבְחַסְדְּךָ הַגָּדוֹל נִשְׁעַנְתִּי לִשְׁפּוֹךְ שִׂיחִי בְּעַד רוּחִי אֵלֶיךָ צוּרִי וּמִשְׂגַּבִּי. יָדַעְתִּי יהוה יָדַעְתִּי כִּי חַטֹּאתַי רַבּוּ מִלְּמְנוֹת וַעֲוֹנוֹתַי עָצְמוּ מִסַּפֵּר לָשֵׂאת עֵינַי עָלֶיךָ, כִּי חַיַּי תְּלוּאִים מִנֶּגֶד מֵעוֹצֶם חַטֹּאתַי אֲשֶׁר חָטָאתִי עָוִיתִי וּפָשַׁעְתִּי בְּמַעֲשֶׂה בְּמַחֲשָׁבָה וּבְדִבּוּר שְׂפָתַיִם. וּמִשַּׂעֲרוֹת רֹאשִׁי עַד צִפָּרְנֵי רַגְלַי אֵין בִּי מְתוֹם, עַוְלָה פָּעַלְתִּי וְיָשָׁר הֶעֱוֵיתִי, עֲוֹנוֹת עֲקֵבַי יְסֻבֻּנִי וּכְמַשָּׂא כָבֵד יִכְבְּדוּ מִמֶּנִּי, עַד כִּי אֵין לִי פֶּה לָבֹא בְּמִפְתַּח שְׂפָתַי. בִּנְטוֹתִי דְּרָכַי מִנְּתִיבוֹת הַיּוֹשֶׁר וְיִצְרִי הָרַע הָיָה בְּעֶכְרִי לְהַדִּיחֵנִי שַׁחַת, כִּי יֵצֶר לֵב הָאָדָם רַע מִנְּעוּרָיו. וּמַעַלְלֵי אִישׁ כִּזְבוּבֵי מָוֶת יַבְאִישׁוּ שֶׁמֶן רוֹקֵחַ. לְפֶתַח תַּאֲוָתִי חַטָּאתִי רוֹבֶצֶת וְאֶל תְּשׁוּקוֹתֶיהָ נָטִיתִי אֹזֶן. וַהֲרֵיעוֹתִי אֶת מַעֲשַׂי וְכָזֹאת וְכָזֹאת עָשִׂיתִי.

אַךְ עַתָּה אַחֲרֵי שׁוּבִי נִחַמְתִּי, וְאַחֲרֵי הִוָּדְעִי סָפַקְתִּי עַל יָרֵךְ וְאָמַרְתִּי לָבֹא הֲלוֹם עַל קִבְרֵי הַצַּדִּיקִים הָאֵלֶּה אוּלַי בִזְכוּתָם וְצִדְקָתָם נַפְשִׁי תִּנָּצֵל. וְאַתָּה יהוה אֵל אֶרֶךְ אַפַּיִם, הֱיֵה נָא עִם עַבְדְּךָ וְשָׂא לְכָל חַטֹּאתַי, נָא אַל תַּעֲלֵנִי בַּחֲצִי יָמַי לְבִלְתִּי אֵלֵךְ בְּטֶרֶם הֵיטַבְתִּי אֶת מַעֲשַׂי. הַכְנַע אֶת לְבָבִי וּבְרָא לִי לֵב חָדָשׁ וְרוּחַ נָכוֹן חַדֵּשׁ בְּקִרְבִּי לְעָבְדְּךָ בְּכָל לֵב וָנֶפֶשׁ. סְלַח וּמְחַל לְכָל

חַטֹּאתַי וּפְשָׁעַי. פֹּה עַל אַדְמַת קוֹדֶשׁ אֶתְוַדֶּה עֲלֵיהֶם, חוּסָה נָּא עָלַי וְהוֹשִׁיעֵנִי. אֵל רַחוּם קַדֵּם רַחֲמֶיךָ לְדִינֶךָ, פְּנֵה אֶל תְּפִלַּת הָעַרְעָר לְמַעַן הַקְּדוֹשִׁים וְהַתְּמִימִים הַשּׁוֹכְבִים פֹּה. נָא אַל תַּסְתֵּר פָּנֶיךָ מִמֶּנִּי וְאַל תֶּאֱסֹף עִם חַטָּאִים נַפְשִׁי וְעִם אַנְשֵׁי דָמִים חַיָּי. וְאַל תַּשְׁלִיכֵנִי מִלְּפָנֶיךָ, אַךְ יֶהֱמוּ נָא רַחֲמֶיךָ עָלַי וּבְחַסְדְּךָ הַגָּדוֹל עַד אֵין חֵקֶר תִּסְמְכֵנִי, וְאַל תִּשְׁפֹּךְ זַעַמְךָ עָלַי לְגָמְלֵנִי כְּמַעֲבָדַי. הַסְתִּירֵנִי בְּצֵל כְּנָפֶיךָ. וִיהִי רָצוֹן מִלְּפָנֶיךָ לְקָרְבֵנִי לַעֲבֹדָתֶךָ וְלַהֲשִׁיבֵנִי בִּתְשׁוּבָה שְׁלֵמָה. נְטַע בְּלִבִּי יִרְאָתֶךָ וְאַל תְּבִיאֵנִי עוֹד לִידֵי נִסָּיוֹן וְלֹא לִידֵי בִזָּיוֹן. זָכְרֵנִי נָא בְּזִכְרוֹן טוֹב וְאַל תְּשִׁיבֵנִי רֵיקָם מִלְּפָנֶיךָ. אָמֵן.

25

בַּעֲלִיָּה לְקֶבֶר שֶׁל נֶהֱרַג עַל קִדּוּשׁ הַשֵּׁם

At the Grave of One Who Died for the Sanctification of God's Name

---

אָנָּא רַחוּם וְחַנּוּן, שׁוֹפֵט צֶדֶק לְכָל בָּאֵי עוֹלָם, הַמְשַׁלֵּם גְּמוּל לְאִישׁ חֶסֶד כְּמִפְעָלוֹ, וּלְרָשָׁע רַע כְּרִשְׁעָתוֹ, זְכָר נָא נְקִיִּים אָבְדוּ, וִישָׁרִים נִכְחָדוּ, כִּי עַל קִדּוּשׁ שִׁמְךָ הַמְיוּחָד עָמָדוּ. מָסְרוּ עַצְמָם לְכַמָּה מִיתוֹת, הָשְׁלְכוּ לְתוֹךְ הָאֵשׁ, מָסְרוּ עַצְמָם לְחֶרֶב וּלְחֵץ שָׁנוּן. לִכְבוֹד אֵל קַנָּא בָּחֲרוּ בְּרֹאשׁ וְלַעֲנָה, דָּמָם נִשְׁפַּךְ כַּמַּיִם עַל קְדוּשַּׁת שִׁמְךָ. אָבִינוּ שֶׁבַּשָּׁמַיִם, הֶעֱרוּ לַמָּוֶת נַפְשָׁם, וְתַחַת הַחֶרֶב נָתְנוּ רֹאשָׁם, עָלֶיךָ כָּל הַיּוֹם הֹרָגוּ. הִקְרִיבוּ עַצְמָם כְּעוֹלָה וּזְבָחִים, וְהֵם כְּמוֹתָם שָׂשִׂים וּשְׂמֵחִים, עָצְמוּ מִסַּפֵּר הֲרוּגֵי בַּת צִיּוֹן וִירוּשָׁלַיִם. רַבִּי עֲקִיבָא וַחֲבֵירָיו, אֲשֶׁר הָיוּ רֶכֶב יִשְׂרָאֵל וּפָרָשָׁיו, הָאִשָּׁה וְשִׁבְעָה בָנֶיהָ, קְהִלּוֹת קְדוֹשׁוֹת וּגְאוֹנִים וַאֲלוּפִים נֶהֱרָגִים נִשְׁחָטִים וְנִשְׂרָפִים.

אֱלֹהֵי הָאֱלֹהִים וַאֲדוֹנֵי הָאֲדוֹנִים, הַבֵּט נָא בְּצִדְקַת עֲבָדֶיךָ וַחֲסִידֶיךָ, אֲשֶׁר הֶעֱרוּ נַפְשָׁם לָמוּת עָלֶיךָ, וּבִטְּלוּ רְצוֹנָם מִפְּנֵי רְצוֹנֶךָ, וְקִדְּשׁוּ שִׁמְךָ הַגָּדוֹל וְלֹא חִלְּלוּהוּ, וְעָמְדוּ בְּנִסָּיוֹן וְנֶאֱמָנוּ. אֶרֶץ אַל תְּכַסִּי דָמָם, וְאַל יְהִי מָקוֹם לְזַעֲקָתָם, עַד אֲשֶׁר יַשְׁקִיף וְיֵרֶא יהוה מִן הַשָּׁמַיִם דַּם עֲבָדָיו הַשָּׁפוּךְ שִׁבְעָתַיִם. אָנָּא

אֵל רַחוּם וְחַנּוּן, תֵּן בְּלִבּוֹת בְּנֵי אָדָם, אֲשֶׁר כֻּלָּם כְּאֶחָד לִכְבוֹדְךָ יָצַרְתָּ, חֶסֶד וְיֹשֶׁר, אַהֲבַת אֱמֶת וְכֹשֶׁר, לְמַעַן לֹא תָקוּם עוֹד צָרָה פַּעֲמַיִם, לְחַלֵּל שֵׁם שָׁמַיִם, וְהַשְׁבֵּת מֵעַמְּךָ יִשְׂרָאֵל כָּל גְּזֵרוֹת קָשׁוֹת וְרָעוֹת. אֲדוֹנֵי הָאֲדוֹנִים, חוּס וְרַחֵם אֶת יֶתֶר הַפְּלֵיטָה, וְהוֹצֵא אוֹתוֹ מֵאֲפֵלָה לְאוֹרָה וּמִצָּרָה לִרְוָחָה, מִיָּגוֹן וַאֲנָחָה לְשָׂשׂוֹן וּלְשִׂמְחָה.

וְאַתְּ נְשָׁמָה קְדוֹשָׁה וּטְהוֹרָה, אֲשֶׁר לִפְנֵי זְמַנֵּךְ לֻקַּחַתְּ, תִּהְיִי לְרָצוֹן לִפְנֵי שׁוֹכֵן שְׁחָקִים, יָמַיִךְ לֹא יִהְיוּ נִגְרָעִים, וְיִהְיוּ נֶחְשָׁבִים כְּאִלּוּ הָיִית חַיָּה בָהֶם עַל פְּנֵי הָאֲדָמָה, וְעֹסֶקֶת בְּמִצְוֹת וּבְתוֹרַת יהוה הַתְּמִימָה. וְעַתָּה עִמְדִי בַּעֲדִי וּבְעַד כָּל הַנִּלְוִים עָלַי לְהִתְפַּלֵּל לִפְנֵי אֵל שַׁדַּי, שֶׁיִּשְׁמַע בַּקָּשָׁתֵנוּ, וְיוֹשִׁיעֵנוּ מִצָּרוֹתֵינוּ, וְיִתֶּן לָנוּ מַשְׁעֵן וּמַשְׁעֵנָה, כָּל מִשְׁעַן לֶחֶם וְכָל מִשְׁעַן מָיִם, וְשָׁלוֹם וּבְרָכָה וְחַיִּים, וְתַעֲמוֹד לָנוּ זְכוּתֵךְ וּזְכוּת כָּל הַצַּדִּיקִים וַחֲסִידֵי עוֹלָם.

וְעַתָּה קְדוֹשׁ יִשְׂרָאֵל, זְכָר נָא אֶת בָּנֶיךָ הַמְחַכִּים וּמְצַפִּים לִישׁוּעָתְךָ כָּל הַיָּמִים. יִגּוֹלוּ רַחֲמֶיךָ עָלֵינוּ וְעַל כָּל עַמְּךָ בֵּית יִשְׂרָאֵל. תִּהְיֶינָה נָא נֶגֶד עֵינֶיךָ צָרוֹתֵינוּ, רְאֵה בְעָנְיֵנוּ וְהוֹשִׁיעֵנוּ אֱלֹהֵי יִשְׁעֵנוּ. בִּדְבָרְךָ יִחְיוּ מֵתֵינוּ, וְיָקִיצוּ וִירַנְּנוּ שֹׁכְנֵי עָפָר, וְשִׂמְחַת עוֹלָם תִּהְיֶה עַל רֹאשֵׁנוּ. כְּמוֹ שֶׁנֶּאֱמַר, וּפְדוּיֵי יהוה יְשֻׁבוּן, וּבָאוּ לְצִיּוֹן בְּרִנָּה, וְשִׂמְחַת עוֹלָם עַל רֹאשָׁם, שָׂשׂוֹן וְשִׂמְחָה יַשִּׂיגוּ, וְנָסוּ יָגוֹן וַאֲנָחָה. וְנֶאֱמַר, כִּי הֶהָרִים יָמוּשׁוּ וְהַגְּבָעוֹת תְּמוּטֶינָה, וְחַסְדִּי מֵאִתֵּךְ לֹא יָמוּשׁ, וּבְרִית שְׁלוֹמִי לֹא תָמוּט, אָמַר מְרַחֲמֵךְ יהוה. יִהְיוּ אֲמָרֵינוּ לְרָצוֹן לְפָנֶיךָ, יהוה צוּרֵנוּ וְגוֹאֲלֵנוּ. אָמֵן.

26

לִפְנֵי חֲתוּנַּת בְּנוֹ אוֹ בִּתּוֹ

Before the Wedding of One's Son or Daughter

צַדִּיקֵי יְסוֹדֵי עוֹלָם, וְעַמּוּדִים מְשָׁרְתֵי אֵל אַתֶּם, וַעֲבָדָיו, יְהִיֶה שָׁלוֹם מְנוּחַתְכֶם, בָּאתִי לְהִתְפַּלֵּל פְּנֵי מַעֲלַתְכֶם, מִכֹּחֲכֶם שֶׁחָרוּ בַּעֲדִי וְהַמְלִיצוּ לָאֵל נוֹרָא תַּעֲרִיצוּ, לְחַלּוֹת וּלְחַנֵּן פְּנֵי רַחוּם וְחַנּוּן לִפְסוֹחַ לְהַצִּיל וּלְגוֹנֵן, אוֹתִי וְאֶת בֵּיתִי וְאֶת זַרְעִי וְאֶת כָּל אֲשֶׁר לִי לִהְיוֹת שׁוֹמְרִי וְצִלִּי, וְאֵל חַנּוּן יִתֵּן חִנּוֹ [לִבְנִי עִם בַּת זוּגוֹ / לְבִתִּי עִם בֶּן זוּגָהּ] לְהַצְלִיחַ עִם [אִשְׁתּוֹ / בַּעֲלָהּ] אֲשֶׁר

יהוה אֱלֹהִים [לוֹ / לָהּ] הוֹכִיחַ, לְהָסִיר מִמֶּנּוּ כָּל פְּגָעִים רָעִים לְבַל יִשְׁלוֹט בָּנוּ שׁוּם רַע עַיִן, וְכָל אוֹיְבֵינוּ יִהְיוּ כְּאֶפֶס וְאַיִן, וִיקֻיַּם בִּי וּבְבָנַי אֹרֶךְ יָמִים אַשְׂבִּיעֵהוּ וּבִישׁוּעָתִי אַרְאֵהוּ, וְאַף שֶׁבְּנֵי אָדָם דוֹמִים לְעִשְׂבֵי הַשָּׂדֶה הַלָּלוּ נוֹבְלִים וְהַלָּלוּ נוֹצְצִים בַּעֲרוּגָה, וְעַל הָרוֹב אַחַר הַשִּׂמְחָה תּוּגָה חַס וְשָׁלוֹם, אַךְ אַתָּה יהוה תָּרִים קַרְנֵנוּ, עֲשֵׂה עִמָּנוּ חֶסֶד יָצִיץ וְיִרְבֶּה וְיַפְרִיחַ מַזָּלֵנוּ, וּבְרַחֲמִים הַמְרוּבִּים יִרְבֶּה כְּבוֹדֵנוּ וִימַהֵר טוֹבוֹת אַחֲרִית מֵרֵאשִׁיתוֹ לְבַל יִתְעָרֵב יָגוֹן וַאֲנָחָה בְּשִׂמְחָתֵנוּ, קוֹל שָׂשׂוֹן וְקוֹל שִׂמְחָה יִשָּׁמַע בְּאַרְמְנוֹתֵינוּ, וְלֹא יֶנְכֶּה דָבָר מִזְּכִיּוֹתֵינוּ, רַק תַּעֲשֶׂה בִּזְכוּת הַנְּשָׁמוֹת הַקְּדוֹשׁוֹת וּבִזְכוּת אֲבוֹתֵינוּ, וְכָבוֹד וְהָדָר תְּעַטְּרֵנוּ, וּבִגְדֵי יֶשַׁע תַּלְבִּישֵׁנוּ, תְּחַיֵּינוּ מִיּוֹמַיִם וּבַיּוֹם הַשְּׁלִישִׁי תְּקִימֵנוּ לִרְאוֹת בְּשִׂמְחַת קְהָלֵנוּ וּבְבִנְיַן בֵּית תִּפְאַרְתֵּנוּ מְקוֹם מִקְדָּשֵׁנוּ, וְנֹאמַר לְפָנָיו זֶה אֱלֹהֵינוּ וְלוֹ קִוִּינוּ וְהוּא עֶזְרָתֵנוּ וִישׁוּעָתֵנוּ עַד עוֹלָם, אָמֵן סֶלָה:

27

בִּיצִיאָה מִבֵּית הַקְּבָרוֹת

Upon Leaving a Cemetery

שָׁלוֹם עֲלֵיכֶן הַנְּשָׁמוֹת הַטְּהוֹרוֹת, נֶאֱצָלוֹת מִזִּיו יוֹצֵר הַמְּאוֹרוֹת. הִנְנִי הוֹלֵךְ לְדַרְכִּי, וְנַפְשִׁי אֶת יהוה בָּרְכִי, וּלְאֵל חַי תְּפִלָּתִי, יִשְׁמֹר בִּי רוּחִי וְנִשְׁמָתִי. יִשְׁמַע עֲתִירַת דוֹרְשָׁיו, יַרְבֶּה כְּבוֹד שְׁלֵמָיו, יוֹסִיף חֵן וָחֶסֶד לַעֲנָוָיו הַקְּדוֹשִׁים עֹשֵׂי מִצְוֹתָיו. וּבְכֵן נוּחוּ יְשָׁרִים, נוּחוּ, עַד יֵעָרֶה עֲלֵיכֶם רוּחַ מִמָּרוֹם, וְיֹאמַר שׁוֹכֵן מָרוֹם אֲדוֹן הַחַיִּים, עִמְדוּ יְשָׁרִים וְשׁוּבוּ לְחַיִּים, וְאָז תָּקִיצוּ וּתְרַנְּנוּ וְתָקוּמוּ וְתִחְיוּ. וַאֲנַחְנוּ נִכָּנֵס לְחַיִּים טוֹבִים וּלְשָׁלוֹם, עַד אֲשֶׁר יִקְרַב הֲלֹם צִיר נֶאֱמָן מְשִׁיחַ אֱלֹהֵי יַעֲקֹב. וְהֵשִׁיב לֵב אָבוֹת עַל בָּנִים וְלֵב בָּנִים עַל אֲבוֹתָם. וְצֶדֶק יְהַלֵּךְ לְפָנֵינוּ, וּנְהַלֵּל וּנְשַׁבֵּחַ לֵאלֹהֵינוּ. עֹשֶׂה גְדֹלוֹת עַד אֵין חֵקֶר וְנִפְלָאוֹת עַד אֵין מִסְפָּר, הוּא הָאֵל הַגָּדוֹל וְהַגִּבּוֹר. מַתִּיר אֲסוּרִים בִּדְבָרוֹ, מְחַיֵּה מֵתִים בְּמַאֲמָרוֹ. בָּרוּךְ הוּא מְחַיֵּה הַמֵּתִים.

PLACING A PEBBLE

Upon taking leave of the grave, it is customary to place a pebble on the grave as an expression of respect and honor for the deceased, showing that his or her grave was visited.

SELECTED LAWS RELATING TO MOURNING

הלכות קריעה / Laws of *Kriah*

1. Mourners for the following immediate relatives: father, mother, son, daughter, brother, sister (including half-brothers or sisters) and spouse must tear *kriah*.

שו״ע יו״ד שמ א, וסי׳ שעד ס״ד.

2. One must stand when *kriah* is performed. The accepted custom is for someone other than the mourner to initiate the tear and then for the mourner to complete the rip.

סי׳ שמ׳ פ״ת ס״ק א, שו״ת בית יהודה סי׳ כו.

3. For all relatives other than parents, the mourner tears the garment on his/her right side, whereas for parents, the tear is made on the left side over the heart.

שו״ע סי׳ שמ׳ ס״ק ט וי׳, ש״ך וט״ז שם.

4. For all obligations of *kriah*, the tear should initiate from the collar of the garment, tearing down in a vertical fashion to slightly beyond 3½ inches.

חכמת אדם כלל קנב־ב.

5. One may change his/her clothing to less fancy ones prior to *kriah*.

חכמת אדם שם ס״ו, גשר החיים פ״ד־א.

6. When one is mourning for relatives other than parents, it is sufficient to tear one garment (i.e. shirt or blouse). A child mourning a parent, however, tears the jacket in addition to the shirt or blouse.

שו״ע סי׳ שמ־ט, חכמת אדם כלל קנב־ו.

7. When the *levayah* takes place on Chol ha-Moed, there are divergent customs regarding *kriah*. The prevalent custom is to tear *kriah* for all relatives unless one specifically follows *minhag Ashkenaz* who posit that only *kriah* for parents is performed on Chol ha-Moed.

שו״ע סי׳ שמ־לא ורמ״א שם.

ביקור בבית הקברות בראש חודש, שבת ויום טוב / Visit on Rosh Chodesh, Shabbos and Yom Tov

1. Although generally one may not visit a grave on Rosh Chodesh, *Shabbos* or *Yom Tov*, it is permissible if you are praying for a sick person who is gravely ill.

לקט קמח החדש סי׳ עב־כו, משמרת שלום אות ה׳ ס״ק כט.

יאהרצייט – ביקור בבית הקברות / Yahrtzeit — Visiting the Cemetery

1. It is customary to visit the grave site of a father or mother on the day of the *yahrtzeit*. If one is unable to do so, he or she should, nonetheless, visit a cemetery on that day and pray at the graves of other righteous Jews.

קב הישר להרב צבי הירש קאיידנאובר, פרק ע"א.

2. In the event that one is not able to visit the grave on the *yahrtzeit*, one may send someone else as his designate to *daven* and recite *tefillos* at the *kever*.

לקט קמח החדש בקונטרוס בית אברהם שכך נהג החת"ס.

סיום סדר הקבורה / Conclusion of the Burial Service

After the burial service, the mourners take off their leather shoes prior to going through the *'shurah'* (the two parallel lines of people that the mourners walk through). They may don non-leather shoes at this point or not wear shoes at all. However, if this is not feasible, i.e. it's a muddy terrain, they can put a small amount of earth in their shoes and wear them until they come to the house of *shivah*.

גשר החיים עמוד קנב.

נטילת ידים / Washing the Hands

One who returns from the cemetery, from a *levayah*, or from a visit to the grave, or from accompanying the deceased within 7½-8 feet must wash his/her hands prior to entering a building. The custom is to wash one's hands alternating three times on each. After the washing one should turn the cup upside down and not pass it to the next person. Some are accustomed not to actively dry their hands.

שו"ע שעו' ברמ"א חכמת אדם קנח-כט.

הקמת מצבה / Erecting a Monument

1. It is an age-old custom to erect a monument upon the grave of the deceased. Preferably, the monument should be erected as soon as possible after the conclusion of the *shivah* period. Some wait until the conclusion of *shloshim* before erecting a monument, while others wait twelve months. The reason for the latter custom is that for the first twelve months the deceased is still very much etched in our memory; hence, until after that time, no reminder in the form of a monument is necessary.

גשר החיים, ח"א, פכ"ח, ס' ב.

For a text of the prayers to be recited on this occasion, see p. 20.

2. "Unveiling" of the stone has no origin in Jewish tradition. However, it is proper for friends and family to gather at the grave site after the monument is erected.

3. This gathering should not take place on the days when *Tachanun* is not recited. (See *Shulchan Aruch*, *Orach Chaim* 131 for a full listing of these days.)

שו״ת מנחת יצחק, ח״ג, ס' נ״א, נ״ב.

4. In the case that one has remarried, attendance at the monument "unveiling" gathering for a deceased spouse is permitted.

שו״ת שרידי אש להרב יחיאל יעקב וויינברג, ח״ב, ס' קל״ו.

5. When inscribing the dates of birth and death on the monument, it is proper to mention only the Hebrew dates.

גשר החיים, ח״א, פכ״ח, ס' ג:ד; שו״ת ציץ אליעזר, ח״י, ס' ל״ו.

6. According to the *Ashkenazic* custom, the name of the deceased and his or her father's name is inscribed on the stone.

גשר החיים, ח״א, פי' כ״ח, ס' ג:א.

7. One may photograph a monument.

כל בו, עמ' 384.

8. It is prohibited to place numbers on a grave indicating its location.

אגרות משה, יו״ד, ח״ג, ס' קי״ז.

9. There are divergent views among halachic authorities if a double stone may be erected when only one grave is presently in use.

אגרות משה, יו״ד, ח״ב, ס' קנ״ג (אסור); כל בו, עמ' 382 (מותר).

10. The obligation to erect a monument for parents is incumbent upon the children, whereas it is the husband's obligation to do so for his wife.

שו״ע, אה״ע, ס' פ״ט, סע' א', ג'.

11. One should not expend large sums of money for the monument. A more enduring and everlasting tribute to the departed would be to make a charitable contribution in his or her memory or to purchase sacred books for a synagogue or a *yeshivah* and dedicate them in memory of the deceased.

אהבת חסד להרב ישראל מאיר הכהן, ח״ב, פ' ט״ו, בהערה.

12. It is preferable not to place a photograph of the deceased on the monument.

כל בו, עמ' 380, הע' ו.

ביקור קברים / Visiting the Cemetery

1. It is an age-old custom to visit graves of family members on a regular basis, especially at the conclusion of the *shivah* and *shloshim* periods and on the *yahrtzeit*.

שו״ע, יו״ד, ס' שד״מ, סע' כ'; גשר החיים, ח״א, פכ״ט, ס' א'.

2. If the *shivah* period ends on *Shabbos* or *Yom Tov*, the grave site visit takes place on Sunday or the day following the conclusion of *Yom Tov*. This is true even when *Yom Tov* preempted the *shivah* week. Similarly, when *Yom Tov* occurs after the conclusion of *shivah*, thus preempting the full thirty-day observance of *shloshim*, one visits the grave site at the conclusion of *shloshim*, even if thirty days have not yet elapsed since the time of death.

גשר החיים, ח״א, פכ״ט, ס׳ ו׳.

3. If the *yahrtzeit* occurs on *Shabbos*, some visit the grave site on Friday while others postpone the visit until after *Shabbos*. When Rosh Chodesh occurs on Friday and the *yahrtzeit* is to be observed on *Shabbos*, all authorities agree that one visits the grave on Sunday. Similarly, if Rosh Chodesh is on Sunday, all are in agreement that the grave site visit should be conducted on Friday.

שם, פכ״ט, ס׳ ז׳.

4. Additionally, it is customary to pray at the cemetery on Tishah B'Av, Erev Rosh Hashanah, and Erev Yom Kippur. For the special prayer to be recited on these two latter occasions, see p. 70. During the month of *Elul*, some have the custom to visit the graves of parents and righteous people. This practice may serve as a source of merit during the forthcoming Days of Judgment.

שו״ע, או״ח, ס׳ תקנ״ט, סע׳ י׳ וס׳ תקפ״א, סע׳ ד׳; מטה אפרים, ס׳ תר״ד, סע׳ י״ד.

5. When visiting graves, one should be careful to pray to God for help in merit of the deceased or to ask the deceased to beseech God on one's behalf. However, one should never beseech the deceased directly.

באר היטב, או״ח, ס׳ תקפ״א, ס״ק י״ז.

6. Upon visiting the grave site during the first year after the person died, it is improper to beseech the deceased to pray for one's personal needs. One should rather pray solely for the elevation of the soul of the deceased.

זוהר ויחי, עמ׳ רכ״ה; הובא בגשר החיים ח״א, פכ״ט, ס׳ ב׳.

7. Some halachic authorities are of the opinion that one should minimize grave site visits during the first year unless there will be difficulty in making the trip at a later date.

שו״ת מלמד להועיל להרב דוד צבי האפמאנן, יו״ד, ס׳ קמ״ד.

8. Customarily one does not visit the same grave twice in one day unless some new circumstance arose, necessitating a new visit, which the visitor was unaware of at the time of the earlier visit.

מג״א ס׳ תקפ״א, ס״ק ט״ז; אבן יעקב, מד:ד.

9. Some are accustomed not to visit the grave site of other relatives when visiting a parent's grave on the day of the parent's *yahrtzeit*.

פני ברוך להרב חיים בנימין גולדברג, ס׳ ל״ז, ס״ק ג׳, עמ׳ שצג.

10. When one feels the need for prayer, be it due to illness or some other distressful predicament, one should visit the grave site of relatives or of the righteous and beseech the deceased to pray on behalf of the living.

שם, ס״ק ט״ז, עמ׳ שצט.

11. All agree that one may not visit the cemetery on Chol ha-Moed or Purim. On Lag B'Omer, the 15th of Av, and Tu B'Shevat, such visits are permitted. Regarding Rosh Chodesh, Chanukah, and Erev Purim, some authorities permit grave site visits while others forbid them. Many authorities are of the opinion that cemetery visits are permitted during the month of Nissan only upon the conclusion of *shivah* or *shloshim* or if the *yahrtzeit* occurs during that time.

גשר החיים, ח״א, פל״ב, ס״ה; כל בו, עמ׳ 66.

12. On days when the *Tachanun* prayer is not recited, Psalms, prayers and *Kaddish* may be recited. However, the *Keil Malei* prayer should be omitted.

גשר החיים, שם, פכ״ט, ס׳ ה׳.

13. In the event of remarriage, one may visit the grave site of the deceased spouse as long as the present spouse does not object.

גשר החיים, שם, ס׳ ח׳.

14. One who has neglected to visit the grave of a parent for a period of ten years (without any extenuating circumstances to account for this neglect) should henceforth not visit the grave site.

פני ברוך, סימן ל״ז, ס״ק כ״ה, עמ׳ תב.

15. When visiting the grave, it is customary to place one's left hand on the tombstone and recite the following verses:

וְנָחֲךָ יהוה תָּמִיד וְהִשְׂבִּיעַ בְּצַחְצָחוֹת נַפְשֶׁךָ, וְעַצְמֹתֶיךָ יַחֲלִיץ. וְהָיִיתָ כְּגַן רָוֶה וּכְמוֹצָא מַיִם אֲשֶׁר לֹא יְכַזְּבוּ מֵימָיו. וּבָנוּ מִמְּךָ חָרְבוֹת עוֹלָם, מוֹסְדֵי דוֹר וָדוֹר תְּקוֹמֵם. וְקֹרָא לְךָ גֹּדֵר פֶּרֶץ מְשׁוֹבֵב נְתִיבוֹת לָשָׁבֶת. תִּשְׁכַּב בְּשָׁלוֹם וְתִישַׁן בְּשָׁלוֹם עַד בֹּא מְנַחֵם מַשְׁמִיעַ שָׁלוֹם.

Hashem will guide you always, sating your soul in thirsty places, and rescuing your bones. And you shall be like a watered garden, and like a never-failing spring of water. From you, the ancient ruins will be rebuilt; you will re-establish the structures of the generations. They will call you "the one who repairs the breach and resettles the ways of civilization" (*Isaiah* 58:11-12). *Lie in peace and rest in peace until the coming of the Consoler Who will announce peace.*

שערי תשובה, או״ח, ס׳ רכ״ד, ס״ק ח׳.

This is followed by the prayers found elsewhere in this volume (p. 20).

16. Upon leaving the cemetery, it is customary to place a stone or pebble atop the tombstone indicating that the grave site was visited. This lends respect and honor to the memory of the deceased.

באר היטב, או״ח, ס׳ רכ״ד, ס״ק ח׳.

⁂ הלכות שונות לגבי ביקור בבית הקברות / General Laws of Visiting the Cemetery

1. The custom is that a menstruating woman does not go to the cemetery during the days of her actual flow. If, however, there is a *levayah*, *Hakomas Matzeivah* or she has *yahrtzeit*, she may go to the cemetery even during her period.

שולחן מלכים הל׳ נדה את ה׳ בשם הגרש״ז אוירערבאך זצ״ל.

⁂ הלכות שונות בבית הקברות / General Laws of the Cemetery

1. One who has not visited a Jewish cemetery within the past thirty days recites the blessing אֲשֶׁר יָצַר אֶתְכֶם בַּדִּין (see p. 20).

שו״ע, או״ח, ס׳ רכ״ד, סע׳ י״ב.

2. People attending a funeral recite this blessing.

נטעי גבריאל, פ׳ עג:א הביא מכמה אחרונים שהמנהג לברך.

3. When reciting this blessing, one may even stand within close proximity (four cubits = approximately 7 ½ feet) to the grave.

גשר החיים ח״א, פכ״ט, ס״ק י״ז.

4. It is permissible to recite Psalms and to speak words of tribute about the deceased even within close proximity to the grave.

שם; ברכי יוסף, יו״ד, ס׳ שד״מ, ס״ק י״ז.

5. Similarly, at that distance it is permissible to pray or learn Torah.

שו״ע, יו״ד, ס׳ שפ״ז, סע׳ ו׳.

6. One may not, however, greet a friend with "*Shalom Aleichem*" or "hello" when within such proximity to the grave.

שו״ע, יו״ד, ס׳ שמ״ג, סע׳ ב, ובש״ך שם.

7. When attending a funeral, one should not greet a friend at the cemetery as long as the coffin is in sight.

גשר החיים, ח״א, פי״ד, ס׳ ט״ז.

8. A male should conceal his *tzitzis* when approaching a grave.

שו״ע, או״ח, ס׳ כ״ג, סע׳ ג׳.

9. Generally, it is prohibited to step upon a grave. However, if no other route is available to reach a particular grave, it would be permissible.

שו״ע, יו״ד, ס׳ שס״ד, סע׳ א׳, בש״ך ובט״ז שם; מסגרת השולחן על יו״ד, שם.

10. One should be careful not to lean against a tombstone.

אבן יעקב, ס׳ ל׳.

11. It is absolutely forbidden to eat, drink or smoke while at the cemetery.

שו״ע, יו״ד, ס׳ שכ״ח, סע׳ א׳; כל בו, עמ׳ 167.

12. One who sees a Jewish funeral in progress is obligated to escort the coffin at least four cubits (approximately 7½ feet).

שו״ע, יו״ד, ס׳ שס״א, סע׳ ג׳.

13. One has an obligation to wash one's hands after standing within four cubits of a coffin.

ערוך השולחן, או״ח, ס׳ ד׳, ס״ק כ״א.

14. It is an accepted custom that pregnant women do not attend the grave site funeral service or visit the cemetery. Nonetheless, where there is a strong desire to do so (i.e., at the funeral of a close family member or on a *yahrtzeit*, etc.), they are permitted to go.

שמעתי מפי הרב משה פיינשטיין זצ״ל ויבלח״ט הרב חיים פנחס שיינברג שליט״א.

15. A *kohein* may not enter a cemetery unless he will stand at a distance of approximately 7 ½ feet from any grave. Likewise, he may not stand under an overhang or tree which simultaneously covers a grave even if the *kohein* is far away from the grave itself.

כל בו, עמ׳ 249.

קל מלא / Keil Malei

1. It is an age-old custom to recite the *Keil Malei* prayer to memorialize the deceased. The prevalent practice is to recite this prayer following the reading of the Torah on Mondays and Thursdays, and on *Shabbos* at the *Minchah* service.

משנה ברורה, או״ח, ס׳ רפ״ד, ס״ק ט״ז;
שערי אפרים להרב אפרים זלמן מרגליות, ס׳ י׳, ס״ק כ״ז.

2. The *Keil Malei* is recited on the *Shabbos* prior to a *yahrtzeit* which is to be observed during the coming week. If the *yahrtzeit* occurs on a Monday or Thursday, the *Keil Malei* prayer is recited on that day, in addition to its recitation at the *Minchah* service of the preceding *Shabbos*.

משמרת שלום, אות י׳, ס״ק י״ג; כל בו, עמ׳ 399.

3. It is most important that *tzedakah* (charity) be pledged at the time the *Keil Malei* is recited, thus benefiting the *neshamah* (soul) of the departed.

משנה ברורה, או״ח, ס׳ רפ״ד, ס״ק י״ט; ספר חסידים, ס׳ ק״ע.

4. While the prevalent custom is not to recite *Kaddish* for one's deceased relatives if one's parents are still alive, nonetheless one may recite the *Keil Malei* prayer on behalf of others even if his own parents are alive.

כל בו, עמ׳ 399.

5. The *Keil Malei* prayer may be recited for numerous persons simultaneously.

גשר החיים, ח״א, פל״א, ס׳ ב:ג.

6. According to the *Ashkenazic minhag*, the name of the deceased and his or her father's name is mentioned in the memorial prayer.

גשר החיים, ח״א, פל״א, ס׳ ב:י.

7. There are divergent views among the authorities if the proper wording of the memorial prayer is *"tachas kanfei ha-Shechinah"* or *"al kanfei ha-Shechinah."* Preferably, *"al kanfei ha-Shechinah"* should be recited.

מעבר יבק; של״ה הקדוש, מובא בגשר החיים, ח״א, פל״א, ס׳ ב:א.

8. The *Keil Malei* prayer should preferably be recited in the original Hebrew.

שו״ת מהר״י שטייף, ס׳ רנ״ה.

9. The *Keil Malei* prayer is not recited on the following days: Rosh Chodesh, Chanukah, Tu B'Shevat, the 14th and 15th days of Adar I and Adar II, the entire month of Nissan, Pesach Sheni (14th of Iyar), Lag B'Omer, from Rosh Chodesh Sivan until the day after Shavuos, Tu B'Av, Erev Rosh Hashanah, Erev Yom Kippur, and on the days between Yom Kippur and Sukkos. There are various customs regarding its recitation from Sukkos until after Rosh Chodesh Cheshvan, and from the day after Shavuos until the twelfth of the month of Sivan.

Additionally, *Keil Malei* is not recited when there is a circumcision in the synagogue, or if the father of the child, the *mohel* or the *sandek* is present at the prayer services even if the *bris* is to take place elsewhere. If the groom on the day of his wedding or during the seven-day *Sheva Berachos* celebration is present in the synagogue, the *Keil Malei* prayer is also not said.

גשר החיים, ח״א, פל״א, ס׳ ג; כל בו, עמ׳ 104.

10. The *Keil Malei* prayer is not recited on the *Shabbos* when we bless the New Month or on any of the *Shabbasos* of the four special Torah readings (i.e., *Shekalim*, *Zachor*, *Parah*, *Hachodesh*).

שו״ע, או״ח, ס׳ תכ״ט, סע׳ י״ז וס׳ תרפ״ה, סע׳ י״ח.

11. The memorial prayer, *Keil Malei*, need not be recited specifically in the presence of a *minyan*. An individual may recite it even if he is in the synagogue without a *minyan* or praying at home.

גשר החיים, ח״א, פל״א, ס׳ ב:ו.

12. Some have the custom to recite the *Keil Malei* under the wedding canopy if a parent of the groom or bride is no longer living.

שו״ת חלקת יעקב, ח״ב, ס׳ קי״ד.

⇜ Procedure for a Funeral at the Airport

1. When the deceased is being transported for burial, it is common for words of eulogy and appropriate chapters of *Tehillim* to be recited before taking leave of the coffin. These may be followed by the standard Mourner's Kaddish. The special Kaddish After the Burial should be recited when the body is interred.

2. Mourners staying behind perform *kriah* when they take leave *of* the coffin at the airport.

3. Those mourners then remove their shoes and pass through the *shurah* (see page 91), and their *Shivah* commences at this time.

❧ THE KADDISH RECITED AT THE BURIAL ❧
TRANSLITERATED WITH ASHKENAZIC PRONUNCIATION

Yisgadal v'yiskadash sh'mei rabbaw (Cong. Amein).
B'allmaw dee hu awsid l'ischadeta ul'achayaw'aw meisa'yaw,
ul'a'sawkaw yos'hon l'cha'yei allmaw, ul'mivnei kartaw di'rushleim,
ul'shachleil hei'chawlei begavaw, ul'mekar pulchawnaw nuchraw'aw mei'ar'aw,
v'la'sawvaw pulchawnaw dishma'yaw l'asrei,
v'yamlich kudshaw b'rich hu b'malchusei vi'kawrei
b'chayeichon, uv'yomeichon, uv'chayei d'chol beis yisroel,
ba'agawlaw u'vizman kawriv, v'imru: Amein.
b'chayeichon, uv'yomeichon, uv'chayei d'chol beis yisroel,
ba'agawlaw u'vizman kawriv, v'imru: Amein.
(Cong. – Amein. Y'hei sh'mei rabbaw m'vawrach l'allam u'l'allmei allmayaw.)
Y'hei sh'mei rabbaw m'vawrach, l'allam u'l'allmei allmayaw.

Yis'bawrach, v'yishtabach, v'yispaw'ar, v'yisromam, v'yis'nasei,
v'yis'hadar, v'yis'aleh, v'yis'halawl
sh'mei d'kudshaw b'rich hu (Cong. – b'rich hu).
L'aylaw min kol (From Rosh Hashanah to Yom Kippur substitute – L'aylaw ul'aylaw mikol)
bir'chawsaw v'shirawsaw, tush'b'chawsaw v'nechemawsaw,
da'ami'rawn b'allmaw, v'imru: Amein (Cong. – Amein).

Y'hei shlawmaw rabbaw min sh'mayaw,
v'chayim awleinu v'al kol yisroel, v'imru: Amein (Cong. – Amein).

> Take three steps back, bow left and say, 'Oseh...'; bow right and say,
> 'hu ya'aseh...'; bow forward and say, 'v'al kol yisroel v'imru: Amein.'

Oseh shawlom bim'ro'mawv, hu ya'aseh shawlom awleinu,
v'al kol yisroel v'imru: Amein (Cong. – Amein).

> Remain standing in place for a few moments, then take three steps forward.

❧ THE MOURNER'S KADDISH ❧
TRANSLITERATED WITH ASHKENAZIC PRONUNCIATION

Yisgadal v'yiskadash sh'mei rabbaw (Cong. – Amein).
B'allmaw dee v'raw chir'usei v'yamlich malchusei,
b'chayeichon, uv'yomeichon, uv'chayei d'chol beis yisroel,
ba'agawlaw u'vizman kawriv, v'imru: Amein.
(Cong. – Amein. Y'hei sh'mei rabbaw m'vawrach l'allam u'l'allmei allmayaw.)
Y'hei sh'mei rabbaw m'vawrach, l'allam u'l'allmei allmayaw.

Yis'bawrach, v'yishtabach, v'yispaw'ar, v'yisromam, v'yis'nasei,
v'yis'hadar, v'yis'aleh, v'yis'halawl
sh'mei d'kudshaw b'rich hu (Cong. – b'rich hu).
L'aylaw min kol
(From Rosh Hashanah to Yom Kippur substitute – L'aylaw ul'aylaw mikol)
bir'chawsaw v'shirawsaw, tush'b'chawsaw v'nechemawsaw,
da'ami'rawn b'allmaw, v'imru: Amein (Cong. – Amein).

Y'hei shlawmaw rabbaw min sh'mayaw,
v'chayim awleinu v'al kol yisroel, v'imru: Amein (Cong. – Amein).

> Take three steps back, bow left and say, 'Oseh...'; bow right and say,
> 'hu ya'aseh...'; bow forward and say, 'v'al kol yisroel v'imru: Amein.'

Oseh shawlom bim'ro'mawv, hu ya'aseh shawlom awleinu,
v'al kol yisroel v'imru: Amein (Cong. – Amein).

> Remain standing in place for a few moments, then take three steps forward.